Texte détérioré — reliure défectueuse

NF Z 43-120-11

Contraste insuffisant

NF Z 43-120-14

ÉCOLE CENTRALE DES ARTS ET MANUFACTURES

COURS PROFESSÉ PAR M. A. PERDONNET

NOUVEL ALBUM

DES

CHEMINS DE FER

PAR

A. JACQUIN

INGÉNIEUR CIVIL, ET PRÉPARATEUR DE CE COURS

AVEC UNE INTRODUCTION

PAR M. A. PERDONNET

PARIS
LIBRAIRIE SCIENTIFIQUE, INDUSTRIELLE ET AGRICOLE
Eugène LACROIX, Éditeur
LIBRAIRE DE LA SOCIÉTÉ DES INGÉNIEURS CIVILS
18, QUAI MALAQUAIS, 18

NOUVEL ALBUM

DES

CHEMINS DE FER

PARIS. — IMP. SIMON RAÇON ET COMP., RUE D'ERFURTH, 1.

ÉCOLE CENTRALE DES ARTS ET MANUFACTURES

COURS PROFESSÉ PAR M. A. PERDONNET

NOUVEL ALBUM

DES

CHEMINS DE FER

PAR

A. JACQUIN

INGÉNIEUR CIVIL, PRÉPARATEUR DE CE COURS

AVEC UNE INTRODUCTION

PAR M. A. PERDONNET

SECOND TIRAGE

PARIS

LIBRAIRIE SCIENTIFIQUE, INDUSTRIELLE ET AGRICOLE

Eugène LACROIX, Éditeur

LIBRAIRE DE LA SOCIÉTÉ DES INGÉNIEURS CIVILS

15, QUAI MALAQUAIS, 15

1864

INTRODUCTION

Le cours des Chemins de fer à l'École centrale n'était en 1831 que de dix leçons, pendant lesquelles nous faisions nous-même au tableau toutes les figures.

Ce cours prenant d'année en année plus d'importance, le nombre des leçons a augmenté sans que nous cessions d'en tracer les croquis.

Il est venu un moment toutefois où, le conseil des études ayant limité à trente-deux celui des leçons consacrées à l'enseignement de la construction des chemins de fer, bien que le sujet s'étendît considérablement, nous nous sommes trouvé forcé, pour ainsi dire, de cesser de tracer les figures pendant la leçon. M. Jacquin, préparateur du cours, fut alors chargé de les reproduire d'avance sur le tableau. Plus tard nous ne tardâmes pas à reconnaître que les élèves, passant une grande partie du temps de la leçon à dessiner, portaient moins d'attention à l'enseignement oral; c'est alors que nous nous décidâmes, avec l'approbation du conseil des études, à autoriser **M. Jacquin** à faire graver ces figures, en y joignant une légende.

Il est incontestable que, les figures étant faites pendant le cours par le professeur, la majorité des élèves en tirent un meilleur parti; mais si, le programme s'accroissant, le nombre des leçons reste invariable, ce mode de procéder devient tout à fait impossible et l'on ne peut éviter de recourir à celui que nous avons adopté.

Nous suppléons du reste à la suppression des figures faites sur le cahier par les élèves en exigeant d'eux des dessins cotés faits sur papier quadrillé, des machines ou appareils les plus importants, des notes étendues qui complètent les légendes, ainsi que des projets plus ou moins détaillés, et en multipliant les interrogations qui constatent les progrès.

Nous saisissons avec empressement cette occasion de remercier M. Jacquin du concours qu'il nous a donné pour la publication de ces figures, et de celui qu'il nous donne chaque jour dans la publication de nos ouvrages.

A. PERDONNET

PRÉFACE

En réunissant les croquis du cours de Chemins de fer que professe à l'École centrale depuis bientôt trente ans M. Perdonnet, nous n'avons pas eu la prétention de publier une œuvre devant servir aux hommes spéciaux et qui possèdent à fond cette matière.

Notre but est plus modeste, et notre point de vue ne s'élève pas aussi haut. Nous avons simplement pensé qu'en présentant, réunis ensemble, les croquis que, depuis plusieurs années, nous avons l'habitude de tracer à la craie sur le tableau, nous pouvions être utile aux élèves qui suivent ce cours, surtout en ménageant leur attention pour la partie orale. Cette attention qu'ils doivent apporter dans la démonstration doit naturellement être de beaucoup réduite, s'ils ont en même temps à copier toutes les figures tracées sur le tableau. C'est donc pour leur venir en aide sous ce rapport que nous avons réuni ces figures. C'est dans le but de laisser à l'intelligence toute la somme d'attention qu'elle peut donner que, nous le répétons, nous avons colligé ces croquis. Ils sont accompagnés d'une légende qui, bien qu'explicite, n'en forcera pas moins les élèves studieux à la compléter par leur étude propre.

Aussi, quelque peu important que puisse paraître notre travail, nous nous estimerions fort heureux s'il pouvait être utile aux élèves, ne fût-ce même qu'à un petit nombre, et si nous pouvions obtenir l'approbation des professeurs, qui, en pareille matière, seront nos meilleurs juges.

NOUVEL ALBUM

DES

CHEMINS DE FER

PLANCHE I

NOTIONS GÉNÉRALES

Fig. 1. — Voie avec rails à bandes plates (*plates-rails*). Ces rails à rebords peuvent être aussi employés pour les voitures ordinaires ; l'inconvénient qu'ils présentent est la difficulté de leur entretien dans un état constant de propreté.

Fig. 2. — Voie avec rails saillants (*edge-rails*). Avec des rails de cette espèce, les roues doivent nécessairement être munies d'un rebord, afin d'empêcher la déviation des véhicules. — Système généralement en usage.

Fig. 3. — Disposition adoptée sur les chemins à une voie pour livrer passage à un train marchant dans le même sens ou en sens inverse d'un autre. Cette voie, appelée voie d'*évitement*, sert à garer un des deux trains pendant que l'autre continue sa marche. — On emploie les chemins à une voie de préférence aux chemins à deux voies lorsque la recette kilométrique annuelle ne dépasse pas de 18,000 à 20,000 francs par kilomètre. Très-communs en Allemagne, aux États-Unis, etc.

Fig. 4. — Disposition d'un chemin à deux voies.

Fig. 5. — Chemin dit à la *Palmer*, composé d'une seule file de rails, établi près de Posen en Prusse pour le transport des produits d'une briqueterie à une distance de 1,800 mètres. — Économique, mais présentant une grande résistance à la traction et de sérieuses difficultés d'équilibre. — A servi pour les travaux de terrassement du bois de Boulogne.

TERRASSEMENTS

Fig. 5¹. — Coupe en travers représentant la caisse, le rail et la poulie de roulement.
Fig. 6 et 6¹. — Autre chemin à la l'almer employé dans les mines de Rive-de-Gier.
Fig. 7, 7¹. — Disposition d'un plan automoteur.
Fig. 8. — Nouvelle disposition des banquettes le long de la plate-forme, en usage aujourd'hui.
Fig. 9. — Disposition d'un chemin en déblai.
Fig. 10. — Disposition d'un chemin en remblai.
Fig. 11. — Coupe en long d'une tranchée exploitée au tombereau avec baleine ou pont de décharge pour les remblais.
Fig. 11¹. — Plan de la tranchée avec croisement et changements de voie.
Fig. 11². — Coupe en travers représentant l'ouverture de la cunette et les cavaliers.
Fig. 12. — Coupe en long d'une tranchée exploitée à deux étages, avec double pont de décharge.
Fig. 12¹. — Plan de la même tranchée et disposition des voies.
Fig. 12². — Coupe en travers de la cunette indiquant la hauteur de la banquette et celle du premier étage d'exploitation.

PLANCHE II

TERRASSEMENTS

Fig. 1. — Exploitation d'une tranchée au moyen de galeries et de puits dans lesquels on jette le déblai.
Fig. 2. — Coupe en travers de la même tranchée.
Fig. 3. — Coupe et élévation d'un pont de décharge ou baleine employé dans les travaux de terrassements.
Fig. 4. — Wagons de terrassements versant par bout (modèles de MM. Parent et Schaken).
Fig. 5. — Wagons de terrassements versant par côté.
Fig. 6. — Wagons de terrassements versant à l'anglaise, angle de versement, élévation des roues au-dessus des rails.
Fig. 7. — Wagons anglais basculant sur la roue d'avant.
Fig. 8. — Crochets mobiles employés dans les travaux de terrassements dont le déchargement se fait à l'anglaise. Un petit étrier retient la tête du crochet, qui se trouve détaché au moyen d'une corde et laisse le wagon abandonné à lui-même.
Fig. 9. — Disposition employée dans les déchargements à l'anglaise. — Le rail extrême est incliné et le véhicule est arrêté par un certain nombre de traverses empilées à l'extrémité de ce rail.
Fig. 10. — Autre disposition de déchargement à l'anglaise. — Dans cette disposition, au lieu d'incliner le rail extrême, on forme à l'extrémité de la voie une espèce de fosse dont le sol est garni de madriers ; au moment où le wagon vient à tomber dans cette fosse, l'impulsion acquise le fait basculer, et il se vide sur le remblai commencé.
Fig. 11. — Plan et élévation d'une brouette employée dans les chantiers anglais pour les grands travaux de terrassement.

ASSAINISSEMENTS

Fig. 12. — Profil de la tranchée du canal de Saint-Maur, et moyen d'assainissement employé afin d'éviter les éboulements. — La pierrée retient les eaux; mais, outre le prix d'établissement, qui est assez élevé, ce procédé a l'inconvénient d'isoler un prisme considérable de terre, qui, sous l'influence des eaux pluviales, peut se détacher et encombrer la voie.

Fig. 13. — Murs de soutènement en pierres sèches employés dans la tranchée de Gagny, sur le chemin de Strasbourg, afin d'empêcher le glissement des terres du talus. — Procédé très-coûteux et peu efficace.

Fig. 14 — Disposition d'une cuvette de M. de Sazilly destinée à recueillir les eaux. Cette cuvette, formée de trois briques à la partie inférieure, est remplie de pierre cassée, recouverte de deux dalles retenant la terre. — Le talus, dans cette circonstance, est recouvert d'une bonne couche de terre pilonnée — Le procédé Sazilly, convenablement appliqué, est excellent, pourvu que les courants d'eau ne se manifestent pas à une grande profondeur en volumes considérables.

Fig. 15. — Coupe d'une tranchée de Blesme à Gray, assainie au moyen de tuyaux de drainage et de drains collecteurs.

Fig. 16. — Coupe de la tranchée de Sèvres, ouverte dans un terrain très-mou et aquifère du chemin de Versailles (rive gauche), et assainie au moyen de murs et contre-forts en pierres sèches. — Ce procédé est efficace surtout si l'on fait pénétrer les éperons en pierre sèche à une certaine profondeur dans le sol.

Fig. 17. — Autre mode de desséchements de talus au moyen de revêtements et de caniveaux en pierres sèches avec cuvette Sazilly, pour recueillir les eaux des bancs de suintement.

Fig. 18. — Autre mode d'assainissement, au moyen de tuyaux de drainage, employé par M. Doigremont sur le chemin de Mulhouse.

Fig. 19. — Méthode employée par M. Ledru. Introduction de tuyaux dans des trous de sonde, venant rencontrer les bancs de suintement. — Ce procédé n'est applicable que dans un petit nombre de cas particuliers.

Fig. 20. — Coupe en long d'un collecteur central définitif.

PLANCHE III

ASSAINISSEMENTS

Fig. 1. — Méthode employée en Angleterre dans une tranchée du chemin de fer de Londres à Birmingham. — Configuration des éboulements. — Réparation et reconstruction du talus au moyen de contre-forts en gravier s'appuyant sur une banquette de même nature. — Très-efficace.

Fig. 2. — Réparation d'un talus éboulé dans la tranchée de Briel, chemin de Mulhouse. — Le fond du glacis au-dessus du fond de la tranchée. (Procédé Bruère.)

Fig. 3. — Coupe d'un autre éboulement dont le glacis se trouve au-dessous du fond de la tranchée. (Procédé Bruère.)

Fig. 4. — Réparation d'un éboulement peu considérable avec pente du glacis très-faible sans enlèvement des terres. — Contre-fort en terre pilonnée avec fascines en pierres cassées. (Procédé Bruère.)

Fig. 5. — Autre éboulement dans lequel la masse des terres déplacées est très-considérable et repose sur un terrain plus incliné. Emploi dans ce cas d'un contre-fort extrême en terre pilonnée. L'écoulement des eaux est facilité au moyen d'empierrements en avant et en arrière de l'éboulement. (Même procédé.)

Fig. 6. — Procédé de réparation d'un talus éboulé sur le chemin de Wissembourg, employé par M. Goschler. Découpement du fond du glacis en banquettes horizontales avec rigole empierrée pour recueillir les eaux.

Fig. 7. — Réparation par le même procédé d'un autre éboulement dont le fond du glacis était plus bas que le plafond de la tranchée.

Fig. 8, 9 et 10. — Coupe d'un remblai exécuté au wagon et composé de couches de glaise et de sable perméable, boues, etc.

Fig. 11. — Coupe d'un remblai sur terrain incliné au chemin de Versailles (rive gauche). — Pierrées employées par M. Bergeron pour arrêter le glissement et recueillir les eaux intérieures.

Fig. 12. — Contre-fort en pierres sèches avec voûtes, employé par M. Ledru, ingénieur au chemin de Blesme à Gray.

Fig. 13. — Coupe d'un remblai argileux au chemin de Versailles (rive gauche) près Sèvres, soutenu au moyen d'une pierrée semblable à celle de la figure 11, avec plateau boulonné et pieux et palplanches jointifs.

Fig. 14. — Coupe d'un remblai dont le glissement a été arrêté par M. Bruère au moyen de contre-forts en terre pilonnée, séparé du remblai par des fascines de gravier et une cuvette empierrée.

Fig. 15. — Disposition à donner à un talus assaini au moyen de fascines avec pierrée dans le bas et terre végétale pilonnée et gazon pour revêtement. (Bruère.)

Fig. 16. — Élévation d'une fascine en gravier.

Fig. 17. — Coupe de la même fascine.

PLANCHE IV

ÉTABLISSEMENT DE LA CHAUSSÉE

Fig. 1. — Établissement de la chaussée et de la voie. — Emploi d'un mur en pierres sèches ou d'une banquette en ballast.

Fig. 2. — Méthode employée en Suisse et en Bavière. — Encaissement du ballast et rigole en pierres ménagée pour l'écoulement des eaux vers le fossé.

Fig. 3. — Profil d'établissement de la chaussée sur un remblai élevé sur un terrain solide.

Fig. 4. — Profil d'un remblai et d'une chaussée établis sur terrain marécageux.

Fig. 5. — Établissement de la chaussée et de la voie dans une tranchée aquifère. — Pieux et palplanches pour soutenir le pied du talus, et cuvette en maçonnerie pour recueillir les eaux. Pose du ballast sur un lit de grosses pierres.

Fig. 6. — Établissement de la voie sur un terrain compressible. Marais du chemin de fer de Glasgow à Garnkirk. — Emploi de fascines sur le sol avec lit en pierre pour recevoir le ballast. Cuvette en maçonnerie pour recueillir les eaux.

Fig. 7. — Établissement dans un marais très-profond de la Caroline du Sud d'un chemin de fer sur pilotis.

PLANCHE V

TYPES DIVERS DE PONTS OU PONCEAUX PAR-DESSUS ET PAR-DESSOUS

Fig. 1. — Type du pont en dessus à ouverture en plein cintre avec évidement dans les tympans.
Fig. 2. — Autre type en anse de panier employé quand on ne peut pas dépasser une certaine hauteur.
Fig. 3. — Type de pont à culées perdues.
Fig. 4, 4¹, 4². — Élévation, plan et coupe d'un pont en dessous du chemin de Lyon à Marseille avec tête circulaire.
Fig. 5, 5¹, 5². — Élévation, plan et coupe d'un autre pont du même chemin, avec tête et murs en retour circulaires.
Fig. 6, 6¹, 6². — Élévation, plan et coupe d'une tête de pont avec murs en aile et quarts de cônes en terre.
Fig. 7, 7¹, 7². — Élévation, plan et coupe d'un pont en dessous avec murs en retour obliques.
Fig. 8 et 8¹, 9 et 9¹. — Autres types de têtes de souterrains du chemin de Lyon à Marseille.

PLANCHE VI

COMPARAISON DES CONDITIONS D'ÉTABLISSEMENT DES TRAVAUX D'ART DES CHEMINS DE FER

Fig. 1. — Viaduc de Brunoy (chemin de fer de Lyon). — Petites ouvertures. — Peu de hauteur de pile, et cependant épaisseur considérable à la clef.
Fig. 2. — Viaduc et pont de Nogent-sur-Marne (chemin de fer de Mulhouse). — Ce viaduc a à peu près les mêmes proportions que le précédent. Les dimensions en sont toutefois moindres; l'épaisseur à la clef est aussi moins considérable. — Le pont de Nogent se distingue surtout par l'ouverture de ses arches, qui ont 50 mètres de diamètre en plein cintre.
Fig. 3. — Viaduc de Chaumont (Haute-Marne) sur le chemin de Mulhouse et de Blesme à Gray. — Remarquable autant par sa légèreté que par ses proportions. — Ce viaduc n'est pas, ainsi qu'on pourrait le croire, à trois étages. — Les petites voûtes inférieures sont de simples entretoises de contre-ventement destinées à empêcher les vibrations qui pourraient se produire sur des fûts d'une pareille hauteur au passage des trains.
Fig. 4. — Viaduc de Lockwood, chemin de Huddersfield et Scheffield, comté d'York. — Extrêmement léger. Construit en pierres brutes reliées par du mortier d'excellente qualité.
Fig. 5. — Viaduc de Commelle sur le chemin de Saint-Denis à Creil.

Fig. 6. — Viaduc de Gœltzschthal, sur le chemin saxo-bavarois, entre Reschenbach et Plauen. — Ce gigantesque viaduc est le plus grand de ceux construits en Allemagne pour le passage d'un chemin de fer.

PLANCHE VII

CONSTRUCTION DE VIADUCS ET DE PONTS EN CHARPENTE

Fig. 1 et 1'. — Viaduc en charpente de Westwood pour le passage du chemin de fer de Cornouaille. — Ce système se recommande par sa grande légèreté et son économie ; il est avantageux, surtout sur des lignes secondaires et où le service des marchandises est à peu près nul. — Coupe en travers d'une travée.

Fig. 2. — Élévation du viaduc en charpente construit en Angleterre sur le chemin de Cornwallis. — Très-léger.

Fig. 2'. Coupe de la ferme.

Fig. 3. — Pont de Cascade-Glen pour le passage du chemin de fer de New-York au lac Érié. — Coûteux.

Fig. 3'. — Coupe en travers par l'axe du pont.

Fig. 4. — Élévation d'un pont en charpente avec arc supérieur, construit aux États-Unis (système de Long).

Fig. 5. — Pont du Haut-Portage. — Construit très-économiquement, il y a un petit nombre d'années, aux États-Unis.

Fig. 6. — Pont de Chicapoé dans le système de Howe, avec boulons en fer. — Le plus usité aujourd'hui ; le seul employé en Allemagne.

Fig. 6'. — Coupe en travers.

Fig. 7. — Pont de Richmond. Système abandonné. — Manque de solidité.

PLANCHE VIII

PONTS ET VIADUCS EN FER ET BOIS

Fig. 1. — Pont suspendu en fil de fer sur le Niagara, avec voie charretière au-dessous de la voie de fer. — Ce pont est un pont en treillis suspendu à des câbles. Un pont fixe étant impossible, la difficulté a été heureusement tournée par le système qu'ont adopté les ingénieurs. Le pont ainsi construit a toute la rigidité nécessaire.

Fig. 1'. — Coupe en travers de ce pont.

Fig. 2. — Pont de Saltasch, construit sur un bras de mer près Plymouth, pour le passage du South-Devon railway. — Ce pont, qui a deux travées, est formé d'une haute poutre elliptique en tôle au-dessous de laquelle se trouve suspendu le tablier au moyen de liens verticaux en fer et de croix de Saint-André complétant la rigidité. Ce viaduc est fait pour une seule voie.

La pile du milieu est en fonte à partir du niveau des plus hautes marées, et composée de quatre colonnes reliées entre elles deux à deux.

Les piles extrêmes du pont sont en maçonnerie, avec cannelures en fonte dans la partie supérieure au-dessus du tablier du pont.

Les parties du viaduc aboutissant au pont sont des poutres tubulaires en tôle formant garde-corps; elles sont supportées par des piles en maçonneries. La pile centrale du pont a été construite au moyen d'un appareil à air comprimé.

Fig. 2¹. — Coupe de la poutre inférieure en tôle, reliant le tablier aux tirants de suspension verticaux.

Fig. 2². — Coupe en travers de la poutre et du moyen de suspension du tablier.

Fig. 3. — Élévation du magnifique pont en treillis de Dirschau sur la Vistule. — Le plus grand des ponts de cette espèce.

Fig. 3¹. — Coupe en travers du même pont.

Fig. 4, 5, 6 et 7. — Modèles divers de poutres en tôle employées dans les constructions anglaises.

PLANCHE IX

PONTS ET VIADUCS EN FER ET FONTE

Fig. 1. — Élévation du pont Britannia, sur le détroit de Menai, pour le passage du chemin de fer de Chester à Holyhead. — Construit par Robert Stephenson.

Fig. 1¹. — Coupe en travers de la poutre tubulaire de Menai.

Fig. 2. — Viaduc de Crumlin pour le passage à deux voies du chemin de fer de Pontypool à Swansea.

Ce viaduc est composé de deux cours de poutres en tôle non tubulaires, parallèles, reliées entre elles par un tablier supérieur qui supporte la double voie. Chaque poutre est formée de deux cordes droites, horizontales, reliées verticalement par un système de triangles équilatéraux en tôle. — Le tablier est supporté par des piles composées d'une série de colonnes en fonte entretoisées, ayant de 50 à 58 mètres d'élévation.

Fig. 2¹. — Détails d'une travée du viaduc de Crumlin. — On vient de construire un pont dans un système analogue pour le passage d'un chemin de fer à Fribourg en Suisse.

Fig. 3. — Élévation du pont tubulaire en tôle construit par M. E. Flachat pour le passage sur la Seine du chemin de fer de Saint-Germain.

Ce pont est composé de cinq poutres tubulaires en tôle, reliées entre elles par des croix de Saint-André. — Les rails sont placés entre les poutres, à la hauteur de la partie supérieure. — Ce pont n'est pas, comme beaucoup d'autres, chargé de ballast : de simples feuilles de tôle le recouvrent.

Ce remarquable pont métallique a été construit dans l'intérieur du pont provisoire en charpente sans interrompre la circulation des trains.

Fig. 3¹ et 3². — Coupe et élévation d'une pile et des poutres qu'elle supporte.

Fig. 4. — Élévation du pont sur la Harper, sur le chemin de fer de Baltimore à l'Ohio. — C'est un pont rigide, suspendu, mais non comme celui du Niagara. Il est construit pour une voie, se compose d'un tablier en bois suspendu à deux fermes en fer et fonte, dont les extrémités reposent sur de légers supports en maçonnerie.

Fig. 5. — Pont construit sur l'Aar à Berne pour le passage du chemin de fer central suisse. — Ce pont est construit pour deux voies, il est tubulaire en treillis avec voie charretière au-dessous. — Ce remarquable ouvrage a été construit d'une seule pièce sur le sol, et poussé sur les piles au moyen de chevalets et de verrins, au fur et à mesure de son avancement.

Fig. 5¹. — Coupe en travers de ce pont.

PLANCHE IXbis

PONT DU RHIN

Fig. 1. — Élévation du pont construit à Strasbourg sur le Rhin, vis-à-vis de Kehl, afin de réunir les chemins de l'Est français aux chemins badois.

Ce pont est en treillis, à deux voies de fer, avec passages latéraux pour les piétons. Il se compose de trois travées, de 56 mètres d'ouverture chacune, et de deux travées mobiles ou ponts tournants, de 30 mètres d'ouverture.

Les fondations de cet important travail ont été confiées aux ingénieurs français.

La difficulté de s'établir solidement dans le lit du fleuve a conduit M. Fleur-Saint-Denis, ingénieur principal de la compagnie de l'Est, à se servir de l'air comprimé dans des conditions bien différentes de celles des ponts de Rocheter, de Saltasch et de Mâcon.

Ce procédé a parfaitement réussi; toute la partie métallique, treillis, tablier, etc., a été exécutée par les ingénieurs badois.

Fig. 2. — Coupe en long par l'axe d'une des grandes piles culées.

Disposition des caissons en tôle, du cuvelage en bois et des norias servant à l'extraction des déblais.

Fig. 3. — Coupe en travers d'un des caissons en tôle. Disposition des tubes à air et de la chambre d'extraction avec la noria.

Fig. 4. — Élévation du portail en fonte d'une des têtes du pont. — Vue de côté du même portail.

Fig. 5. — Élévation d'un des petits clochetons surmontant les piles intermédiaires. — Coupe en travers du pont.

Fig. 6. — Plan des quatre caissons en tôle d'une des piles culées.

Fig. 7. — Plan d'une des piles culées.

PLANCHE X

ÉTABLISSEMENT DE LA VOIE

Fig. 1. — Rail primitif en fer plat posé sur longrines, avec des vis à tête fraisée.

Fig. 2. — Rail en fer cornière.

Fig. 3. — Rail en fer méplat posé de champ, employé quelquefois dans les travaux de terrassement et dans les remises de voitures, parcs à roues, ateliers, etc., etc.

Fig. 4. — Section transversale du premier rail employé sur le chemin de fer de Saint-Étienne à Lyon et de Saint-Étienne à Roanne.

Fig. 5. — Modification du profil du rail précédent, auquel on a ajouté un second bourrelet symétrique, afin de permettre de le retourner bout pour bout quand la surface de roulement s'écrasait.

Fig. 6. — Section du premier rail à double champignon. — L'âme de ce rail est assez maigre et les champignons très-évidés.

Fig. 7. — Rail du chemin de fer de Paris à Versailles, du même poids que le précédent. — Le profil de ce rail a été modifié dans le but de répartir plus utilement la matière. — On a renforcé l'âme et la tête du rail avec la quantité enlevée au champignon inférieur.

Fig. 8. — Section du rail inventé par M. Coste en vue de donner au rail une épaisseur uniforme, dans le but de rendre le métal plus homogène.

Fig. 9. — Autre section d'un rail à simple champignon.

Fig. 10. — Section du rail à double champignon du chemin de fer du Nord.

Fig. 11. — Section d'un rail à simple champignon.

Fig. 12. — Section d'un rail américain dit rail Vignolles, dont l'usage, déjà très répandu en Allemagne, commence à se répandre également en France.

Fig. 13. — Section d'un *bridge-rail* ou rail Brunel. — Système abandonné aujourd'hui.

Fig. 14. — Section d'un coussinet posé sur une traverse sabotée dans le but de donner l'inclinaison nécessaire au rail.

Fig. 15. — Section d'un rail en fer méplat posé de champ au moyen d'un coin en bois.

Fig. 16. — Section d'un rail Brunel fixé à des longrines posées sur traverses. — Voie dure et coûteuse.

Fig. 17. — Section d'un rail et d'un coussinet posé sur traverse. — Dans le coussinet, e plafond sur lequel repose le rail est incliné, ce qui évite le sabotage de la traverse, comme il est indiqué dans la figure 14.

Fig. 18. — Élévation longitudinale d'une voie posée avec rails de largeur uniforme. — Système actuel.

Fig. 19. — Élévation longitudinale d'une voie posée avec rails en fer ondulé. — Système abandonné à cause des difficultés que présente la pose dans les courbes et des difficultés de fabrication, etc.

Fig. 20. — Plan d'un coussinet à joue oblique pour serrer le rail. — Système abandonné.

Fig. 21. — Section d'un rail en fer cornière posé sur traverse.

Fig. 22. — Section d'un rail en fer méplat fixé au moyen de vis sur une longrine encastrée dans la traverse à laquelle elle est reliée par des boulons croisés.

Fig. 23. — Élévation et plan d'une des tables de pression inventées par M. Pouillet.

Fig. 24. — Élévation et plan d'une voie établie dans le système Barlow. — Système abandonné à cause surtout de la difficulté de fabriquer de bons rails.

Fig. 25. — Plan et coupe d'un plateau-coussinet dit *plateau Henry*. — Défaut de stabilité, déplacement fréquent. — Abandonné.

Fig. 26. — Section d'une des cloches-coussinets de la voie du chemin d'Alexandrie au Caire.

Fig. 27. — Serre-rails Barberot. Dans cette voie, les coussinets en fonte sont remplacés par des cales en bois fixées au moyen de tire-fonds dans la traverse, la section oblique des coins vient faire mâchoire sur le rail, et l'emprisonne. — Employé dans certains cas, mais défectueux aux joints.

Fig. 28. — Autre mode de pose de rails au moyen d'un coussinet-gouttière. — Le rail est pris entre deux cales de bois, l'écartement de la voie est maintenu au moyen d'une d'une tringle en fer.

Fig. 29. — Autre mode à peu près identique dans lequel le serrage se fait par deux cales agissant l'une sur l'autre.

PLANCHE XI

ETABLISSEMENT DE LA VOIE

Fig. 1. — Disposition d'ensemble d'une voie posée sur traverses.

Fig. 2. — Disposition d'une voie posée sur dés en pierre. Encore employé en Allemagne, mais en plaçant les dés carrément, le déplacement latéral étant moins sensible dans ce cas.

Fig. 3. — Déformation d'une voie en fer méplat posé de champ. Ce rail s'ondule horizontalement.

Fig. 4. — Fixation des joints, système d'éclisse du Nord. — Porte à faux.

Fig. 4¹. — Coupe du rail et des éclisses.

Fig. 5. — Coupe en travers d'un coussinet-éclisse de MM. Grenier-Coschler. — Employé avec succès sur plusieurs chemins de fer.

Fig. 6. — Autre genre de coussinets-éclisses à mâchoire fixe et à mâchoire mobile, employés en Allemagne.

Fig. 6¹. — Coupe transversale de la figure précédente.

Fig. 7. — Chevillettes en fer forgé employées pour la pose des coussinets.

Fig. 8. — Assemblage des rails. — Joints verticaux seuls employés.

Fig. 9, 10. — Joints à mi-fer inclinés et horizontaux, et difficiles à dresser.

Fig. 11. — Joints obliques ou en biseaux. — Dangereux à cause des pointes. — Les deux surfaces inclinées, si elles serrent l'une sur l'autre, doivent naturellement se déniveler.

Fig. 12. — Crossettes en fer forgé employées pour la pose des rails à patin.

Fig. 13. — Section d'une traverse demi-ronde.

Fig. 14. — Section d'une traverse triangulaire.

Fig. 15. — Section d'une traverse équarrie.

Fig. 16. — Disposition des rails dans les passages à niveau avec longrines en bois garnies de cornières en fer. — Système peu usité et dangereux pour les chevaux, qui peuvent se prendre les pieds dans la fosse et se blesser.

Fig. 17. — Disposition d'une ancienne barrière de passage à niveau.

Fig. 18. — Chevilles en bois comprimé pour la pose des bridge-rails et quelquefois des coussinets. — Abandonnées. — Pourrissent à la jonction des rails ou des coussinets, et des longrines ou des traverses, et se brisent.

Fig. 19. — Chevilles en bois avant la compression. — Abandonnées.

Fig. 20. — Disposition des fers entrant dans la composition d'un paquet destiné à la fabrication des rails.

Fig. 21. — Plan d'un passage à niveau avec contre-rails et barrières.

Fig. 22. — Disposition d'un passage à niveau avec contre-rails.

Fig. 23. — Barre d'essai destinée à essayer la résistance de la fonte de fer.

PLANCHE XII

ACCESSOIRES DE LA VOIE

Fig. 1. — Disposition élémentaire d'une déviation de voie.

Fig. 2. — Changement sur deux voies à une seule aiguille. — En contact avec le rail, elle dessert la voie oblique; éloignée, elle laisse la voie directe ouverte. — Système abandonné.

Fig. 3. — Changement pour deux voies à rails mobiles. — Dans ce système, d'après la position du rail, il existe toujours sur une des voies une solution de continuité.

Fig. 4. — Changement de voie à contre-rails mobiles taillés en biseau. — Avec cette disposition disparaissent les dangers du système à rails mobiles; l'extrémité de l'aiguille, étant taillée en pointe, facilite le passage du boudin de la roue, si l'aiguille n'est pas faite. Ce système toutefois est abandonné à cause des secousses qu'éprouve le train au passage des changements de voie.

Fig. 5. — Coupe longitudinale de l'aiguille.

Fig. 6 — Position de l'aiguille et du rail.

Fig. 7. — Changement pour deux voies à deux aiguilles effilées. — Système généralement employé sous le nom de changement Wild. — On fait aujourd'hui presque partout les aiguilles d'égale longueur.

Fig. 8. — Disposition de l'ancien système à excentrique servant à manœuvrer les aiguilles. — Un cercle excentré tournant dans une boîte rectangulaire repoussait l'aiguille quand on voulait desservir la voie oblique, et la ramenait quand on voulait ouvrir la voie rectiligne. (Voir fig. 3.) — Abandonné.

Fig. 9. — Ancien changement à doubles rails mobiles du chemin d'Orléans. — Ce changement présente les mêmes dangers que celui de la figure 3. — Abandonné.

Fig. 10. — Changement à aiguille et à contre-rails. — Avec cette disposition, si l'on prend l'aiguille à l'anglaise, c'est-à-dire si l'on s'engage sur le changement par le talon, le bourrelet de la roue repousse, comme dans le système actuellement en usage, l'aiguille, qui vient se loger dans l'entaille du contre-rail, et la voie se trouve ouverte.

Fig. 11. — Disposition d'un changement à trois ou un plus grand nombre de voies avec rails mobiles. — Dangereux, applicable cependant dans certains cas. Deux fois déjà signalé ci-dessus.

Fig. 12. — Disposition d'une pointe de cœur et des pattes de lièvre d'un croisement de voie.

Fig. 13. — Disposition d'un changement sur deux voies courbes avec aiguilles d'égale longueur. — Cas dans lequel il faut absolument qu'il en soit ainsi.

Fig. 14. — Disposition d'un coupement de voie perpendiculaire.

Fig. 15. — Disposition d'un changement à trois voies à aiguilles effilées. — Employé aujourd'hui presque exclusivement.

Fig. 16. — Disposition du levier de manœuvre des aiguilles. — Avec ce système, la lentille tournant autour du levier retient l'aiguille dans l'une ou l'autre des deux positions.

Fig. 17. — Disposition du levier de changement de voie du chemin d'Orléans. — Nécessité, dans ce cas, de tenir, au moment où l'on veut desservir la voie oblique, le contre-poids en l'air.

Fig. 18. — Disposition à doubles rails mobiles employée dans l'origine, à la bifurcation de Saint-Germain. — Les convois marchant toujours sur cette partie du chemin dans le même sens sur une même voie, le déraillement avec ce changement n'était pas à craindre.

On pouvait, si l'aiguille n'était pas faite, prendre une voie pour l'autre, mais non dérailler. Cet appareil se manœuvrait, ainsi que les aiguilles, au moyen d'un arbre à engrenage. — Son principal avantage était de permettre de changer de voie sous un angle très-aigu sans inconvénient, et par suite de passer dans le changement à grande vitesse sans danger.

Fig. 19. — Disposition du croisement de cette figure.

Fig. 20. — Disposition d'un coupement de voie.

Fig. 21. — Disposition des changements de voie employés sur certains chantiers de terrassements. Cette disposition consiste en deux rails qui sont fixés sur des coussinets, dont ceux du milieu tournent autour d'un boulon ou d'une chevillette fixée sur une traverse. Les coussinets extrêmes ne servent que de supports, et se fixent momentanément à l'aide d'une chevillette mobile.

PLANCHE XIII

ACCESSOIRES DE LA VOIE

Fig. 1. — Disposition d'une plaque tournante à une seule voie placée sur une voie oblique.

Fig. 1¹. — Coupe de la fosse et des principaux organes de la plaque.

Fig. 2. — Disposition d'une plaque posée pour desservir deux voies perpendiculaires. — La plaque a deux voies afin d'éviter l'interruption.

Fig. 3. — Disposition à donner aux plaques quand la largeur de l'entre-voie ne permet pas de les placer perpendiculairement. — Cette disposition a l'avantage de permettre d'augmenter le diamètre de la plaque sans forcer à riper les voies. Dans ce cas, les plaques ont trois voies.

Fig. 4. — Disposition des plaques posées sur trois voies parallèles coupées par une voie perpendiculaire. — Les plaques portent deux voies.

Fig. 5. — Disposition d'une plaque pour locomotive et tender employée en Allemagne. — Dans cette plaque, le mouvement de rotation est donné au moyen d'un engrenage communiquant avec une couronne dentée placée intérieurement au sommet de la fosse.

Fig. 5¹. — Disposition de l'engrenage.

Fig. 6, 6¹, 6². — Plan, coupe et élévation d'une des plaques tournantes en fonte de 5ᵐ,40 de diamètre du chemin de fer de Strasbourg. — Disposition des deux cercles de roulement des galets, du pivot et de la cuve d'enceinte.

Fig. 7. — Disposition d'une plaque tournante pour locomotive et tender employée en Angleterre. — Cette plaque, dite à colonne, est composée d'une colonne en fonte fixée dans la maçonnerie, et supportant le pivot sur lequel repose la plaque. La partie qui porte sur le pivot est une enveloppe ayant à sa partie inférieure une série de galets destinés à transformer le frottement de glissement en frottement de roulement, par conséquent à faciliter la manœuvre. — Des galets fixes posés sur la partie en maçonnerie supportent les bords de la plaque, qui est consolidée par de forts bras en fonte fixés sous les longerons et à l'enveloppe de la colonne. — Abandonnée.

Fig. 8, 8¹. — Plan et coupe d'une plaque entièrement en fonte employée longtemps en France et établie d'après le modèle belge. — Dans la plaque, le mouvement était aussi imprimé au moyen d'un engrenage communiquant avec le cercle de roulement inférieur.

Fig. 9. — Galets en fonte brute, à jante arrondie. — Abandonnés.

Fig. 10. — Galets coniques actuellement en vigueur.

PLANCHE XIV

ACCESSOIRES DE LA VOIE

Fig. 1. — Anciennes plaques du chemin de fer d'Orléans à Bordeaux. — Dans cette plaque, afin de diminuer la résistance, on n'a adopté qu'un seul cercle de roulement sous la plaque, et on fait porter l'axe des grands galets fixes de roulement sur d'autres petits galets suspendus au-dessous de la cuve d'enceinte de la plaque. — Ingénieux et cependant abandonné.

Fig. 2. — Plaque tournante construite par M. Buddicom pour le chemin de fer de Strasbourg. — Cette plaque, de 12 mètres de diamètre, sert à tourner la locomotive et son tender. — L'impulsion lui est donnée au moyen d'un engrenage qui fait tourner un des galets de support de la plaque, qui n'a pas de couronne dentée comme dans les plaques allemandes représentées fig. 5, planche XIII. Le mouvement ne se produit donc que par adhérence. — Modèle en usage aujourd'hui.

Fig. 2^1, 2^2. — Élévation et coupe de la même plaque.

Fig. 3. — Plaque à colonne employée sur le chemin anglais pour la manœuvre des wagons. — Abandonnée.

Fig. 4 et 4^1. — Plan et coupe de la grande plaque de Derby, pour tourner la machine avec son tender. — Cette plaque, ainsi que la plaque Buddicom, est mise en mouvement par une manivelle et un engrenage ; l'adhérence est assez considérable pour qu'on ait supprimé le cercle denté. — Bon modèle.

Fig. 5, 5^1. — Élévation et coupe d'une plaque en bois employée dans l'origine au chemin de fer de Versailles (rive gauche).

Fig. 6, 6^1. — Plan et coupe d'une plaque tournante en fonte de 6 mètres de diamètre, employée au chemin de fer de Strasbourg. — Cette plaque n'a aussi qu'un seul cercle de roulement. Les galets sont montés sur palier faisant partie de la cuve.

PLANCHE XV

ACCESSOIRES DE LA VOIE

Fig. 1. — Plaque tournante employée en Angleterre pour tourner et peser les wagons. — Cette plaque est, dans ses organes principaux, construite comme les plaques à colonne. — Ici, c'est le plateau mobile qui porte la colonne ; celle-ci repose sur une crapaudine suspendue à un levier de romaine par des tringles. — L'enveloppe ou manchon de la colonne est fixée sur des longerons reposant sur le mur d'enceinte de la fosse. — Une presse hydraulique introduit l'eau sous la crapaudine, qui soulève le pivot et permet le mouvement de la plaque. — Le grand levier de la romaine, auquel est suspendue la crapaudine, est muni d'un couteau de balance portant sur un support venu de fonte avec l'enveloppe extérieure de la colonne.

Fig. 1^1. — Mode d'attache de la crapaudine et du levier.

Fig. 2. — Disposition sommaire d'un chariot Dünn. — Avec un chariot de cette espèce on supprime la fosse, et la voie n'est plus interrompue.

Fig. 2^1. — Autre chariot employé sur le chemin de Lyon. — Un rail mobile, qui se ment au moyen d'un excentrique, forme plan incliné quand on veut amener le wagon sur le chariot pour le changer de voie.

Fig. 3 et 3¹. — Élévation et plan d'un chariot dont les longerons qui supportent les rails sont suspendus au-dessous des essieux des galets. — Avec ce chariot, qui se meut au moyen d'un levier à écliquetage, on supprime une partie de la profondeur de la fosse.

Fig. 4, 4¹, 4². — Élévation et plan d'un chariot employé dans la gare de l'Ouest à Paris. — Afin d'amener sans secousse et sans fatigue le wagon sur le chariot, on emploie un système de contre-rails mobiles formant plan incliné.

Ce plan incliné est rapproché des rails au moyen d'un levier et d'un renvoi. — Dans cette position, le boudin des roues rencontre le plan incliné et conduit le wagon sur le chariot. — L'emploi des chariots Dünn commence à reprendre. Ils sont manœuvrés soit par des hommes, soit par des machines.

Fig. 5. — Disposition d'un chariot ordinaire dans lequel le plancher qui supporte les rails est placé au-dessus des roues. — Dans ce cas, la fosse est forcément profonde, et les voies interrompues.

Fig. 6. — Disposition d'un autre système appelé chariot hydraulique. — Une bâche remplie d'eau, sur laquelle sont montés deux petits cylindres, sert à injecter, au moyen d'une presse hydraulique, l'eau sous deux pistons munis de croisettes qui viennent prendre l'essieu du wagon et le soulèvent. Dans cette position, on le transporte facilement sur la voie où on veut le placer. — Employé sur le Great-Western railway et sur le chemin de Saint-Germain, gare de Saint-Germain.

Fig. 7. — Disposition d'une grue d'alimentation à colonne avec lanterne au-dessus.

Fig. 8. — Disposition d'une des grues-réservoirs du chemin du Nord. Cet appareil, qui débite très-rapidement, permet encore de chauffer l'eau en hiver. — Employé surtout dans les gares où les trains ne peuvent s'arrêter longtemps.

Fig. 9. — Disposition d'une autre espèce de grue d'alimentation.

Fig. 10. — Signal à lanterne fixe pour être manœuvré à la main.

Fig. 11. — Signal à ailettes.

PLANCHE XVI

DISPOSITION DES GARES EXTRÊMES DE VOYAGEURS

Fig. 1. — Plan de la gare de Paris du chemin de fer de Paris à Versailles (rive gauche). — Bâtiment des voyageurs sur le côté. — Bonne disposition.

1. Cour en tête.
2. Billets, bagages, etc.
3. Salles d'attente.
4. Bagages, sortie.

Fig. 2. — Gare du chemin de fer du Nord, à Paris. — Bâtiment de vsoyageurs et salles d'attente. — Billets en tête. — Bagages sur le côté. — Disposition vicieuse. — La gare étant reconstruite sur de nouveaux plans, le bâtiment contenant les salles d'attente et la salle de dépôt des bagages partants se trouvera sur le côté au lieu de se trouver en tête. Ce qui vaudra beaucoup mieux pour le service.

1. 1', 1". Cour et galeries.
2. Vestibule, salles d'attente. Billets.
3. 3'. Trottoirs de la grande ligne.
4. 4'. Trottoirs de la banlieue.
5. 5'. Messageries.
6. 6'. Cours de départ et d'arrivée des messageries.
7. Grue Arnoux.
8. 8'. Bagages. Douane.

Fig. 3. — Gare du chemin de fer de l'Est, à Paris. — Vestibule, billets, bagages de la grande ligne en tête; salles d'attente sur le côté. — Gare très-incommode, surtout en ce qui concerne le service des bagages au départ.

1. Cour de départ.
2. Vestibule.
3. Bagages et Billets.
4. 4¹. 4². 4³. Salles d'attente et trottoirs.
5. 5¹. 5². Bagages à l'arrivée et trottoirs de la grande ligne.
6. 6. Pavillons projetés pour la ligne de Mulhouse.
7. Messageries.
8. Bagages à l'arrivée de la ligne de Mulhouse.
9. Remise de voitures.
10. Douane.
11. Messageries.
12. Ateliers.

Fig. 4. — Plan de la gare de Derby. — Bâtiment sur le côté. — Dans cette gare, la voie de départ et celle d'arrivée sont contiguës. Un seul et même trottoir échancré sert alternativement pour le départ et l'arrivée. — Disposition peu usitée; nécessite une gare très-longue.

Fig. 5. — Gare du chemin de Paris à Versailles (rive droite), à Versailles. — Disposition ingénieuse pour un service de banlieue; mais n'a pas été imitée parce qu'elle nécessite beaucoup de terrain et rend la surveillance difficile.

1. Vestibule, billets, bagages en tête.
2. Salle d'attente entre les voies.
3. Remises.

Fig. 6. — Gare du chemin de fer de Paris à Orléans. — Bâtiment sur le côté; administration en tête.

1. Cour de départ.
2. Vestibule, billets, salles d'attente, bagages messageries, etc.
3. Salles de visite, bagages à l'arrivée.
4. Chaises de poste.

Fig. 7. — Ancienne gare du chemin de fer de Paris à Versailles (rive gauche), à Paris. — Administration et salles d'attente en tête. Disposition assez convenable pour un service de banlieue.

1. Administration et salles d'attente.
2. Trottoir de départ.
3. Trottoir d'arrivée.
4. Cour d'arrivée.
5. Remise de voitures.
6. Ateliers de réparations.
7. Remise de locomotives.
8. Réservoirs.
9. Magasins.

Fig. 8. — Gare de Bricklayers. — Bureaux, vestibule, salles d'attente, sur le côté. — Quais à chevaux et chaises de poste en tête. — La gare de Bricklayers est très-commode.

1. Quai à chaises de poste.
2. Bureaux et salles d'attente.
3. Quai de départ.
4. Quai d'arrivée.
5. Cour d'arrivée.
6. Quai à chaises de poste.
7. Halle à marchandises.
8. Magasin à coke.
9. Voie pour les bestiaux.

Fig. 9. — Gare du chemin de fer de Lyon, à Paris. — Bâtiment placé sur le côté. — La plus commode des gares parisiennes. — Excellent modèle à imiter.

1. Cour de départ.
2. Vestibule, billets.
3. Salles d'attente, buffet.
4. Bagages.
5. Remises de trucks.
6. Messageries.
7. Mouvement.
8. Vestibule d'arrivée.
9. Bagages à l'arrivée.
10. Denrées.
11. Hangar.
12. Quai à chaises de poste.
13. Administration.
14. Messageries au départ.
15. Remise de voitures.

PLANCHE XVII

DISPOSITION DES GARES DE MARCHANDISES

Fig. 1. — Gare du chemin de fer d'Orléans, à Ivry. — Halles parallèles.

1. 1. Halle aux vins.
2. Idem.
3. 3. 3. Halles aux farines.
4. Bureaux.
5. Halles à marchandises.
6. Hangar de petit entretien.
7. 7. 7. Halles à marchandises.
8. Remise de locomotives.
9. Chaudronnerie et ajustage.
10. Bureaux et montage.
11. Charronnage, forge, etc.
12. Menuiserie.
13. Fonderie et magasin.
14. Remise de wagons.
15. Atelier de peinture.
16. Bief de la gare.
17. Écurie.
18. Idem.
19. Seine.

Fig. 2. — Gare du chemin de fer du Nord, à la Chapelle. — Gare en éventail. — Commode.

1. Nouveau montage des machines.
2. Montage des locomotives.
3. Ajustage.
4. Forges.
5. Atelier central.
6. Bureau du matériel.
7. 7. Remise de locomotives.
8. Remise en fer à cheval.
9. Idem.
10. Dépendances de l'économat général.
11. Économat général avec bureaux.
12. Remise de voitures.
13. Usine à gaz avec deux gazomètres.
14. Chantier et atelier de service de la voie.
15. Quai à bestiaux.
16. Halle aux huiles et spiritueux.
17. Expédition à petite vitesse.
18. Arrivage : quai de détail.
19. — sucre en sacs.
20. — quai de détail.
21. — fers et fonte.
22. Halle aux grains.
23. Transbordement du chemin de ceinture.
24. 24. Bureaux et logements.
25. Remise pour les voitures de camionnage.
26. Caisse.
27. Halle aux grains et marchandises en souffrance.
28. Entrepôt.
29. Concierge surveillant.
30. Gare pour les charbons.

Fig. 3. — Gare du chemin de fer de l'Ouest, à Batignolles. — Gare en éventail. — Très-commode.

1. Remise de locomotives.
2. Réparation.
3. Tours, ajustage, forges.
4. Bureaux.
5. Atelier de réparation de voitures.
6. Chariot.
7. 7. 7. Remise de voitures.
8. Dépôt de machines.
9. Magasin.
10. Magasin aux fers.
11. Hangar.
12. Hangar.
13. Bureaux.
14. Camionnage et octroi.
15. 15. 15. 15. 15. 15. Quais couverts.
16. Quais découverts.
17. Écuries.
18. Ateliers.
19. Hangar.
20. Ateliers, forges.
21. — tours.

Fig. 4. — Gare du chemin de l'Est, à la Villette. — Halles perpendiculaires. — Incommode.

1. 1. 1. 1. 1. Halles à marchandises.
2. 2. Concierge. Octroi.
3. Cour aux foins.
4. 4. Quais découverts.
5. 5. Grues à pierres.
6. Quais de transbordement.
7. Transbordement de la douane.
8. Bureaux et corps de garde.
9. Hangar à coke et à houille.
10. Quai à coke et à houille.

11. 11. Remise de locomotives.
12. Atelier de petit entretien.
13. Forges et ajustage.
14. Magasin central.
15. 15. Carrosserie, menuiserie et peinture.
16. Hangar des bois de construction.
17. Atelier du montage.
18. Atelier du service de la voie.
19. Remise de wagons.

PLANCHE XVIII

DISPOSITION DES GARES A MARCHANDISES

Fig. 1. — Gare du chemin de fer de Lyon, à Bercy. — Halles perpendiculaires. — Peu commode.

1. 1. 1. 1. 1. Halles à marchandises.
2. 2. Rampe d'accès.
3. Écuries.
4. Quai à chevaux et à bestiaux.
5. Hangar aux charbons.
6. Atelier de petit entretien.
7. 7. 7. Hangar et quai aux vins.

8. Quai de débarquement pour les vins.
9. Gare de l'embranchement de Troyes.
10. Chantier de la voie.
11. Grue Arnoux.
12. Grue.
13. Pont à bascule.

Fig. 2. — Gare du chemin de fer de Lyon, à Vaise. — Halles parallèles, gare en éventail. — Service très-commode et peu coûteux.

1. Rampe d'accès de la gare.
2. Quai à bestiaux.
3. 3. 3. 3. 3. Quais découverts.
4. Hangar des marchandises.
5. Grue Arnoux.
6. Remise de voitures.
7. Bâtiment des voyageurs.
8. Cour des voyageurs.

9. Buffet.
10. Rampe d'accès.
11. Remise de machines.
11'. Idem.
12. Rampe des ateliers.
13. Quai à coke.
14. Quai à chaises de poste.
15. Réservoirs.

Fig. 3. — Gare du Great-Northern, à Londres. — Voies en éventail.

1. Halle à marchandises.
2. Halle couverte.
3. Quai de l'arrivée.
4. Quai du départ.
5. Bassin.
6. 6. Canal du Régent.
7. Docks.
8. Magasins et bureaux.
9. Halle à pommes de terre.
10. Magasins et bureaux.

11. Halle pour la chaux.
12. Magasins et bureaux.
13. Grues à pierres.
14. Halles aux briques et tuiles.
15. Remise en fer à cheval.
16. Tours, forges.
17. Water-closets.
18. Fourrages, chevaux, écurie.
19. Plaques pour machines.
20. Quai à coke.

Fig. 4. — Gare du Great-Western. — Halles en éventail.

1. } Halles à marchandises avec grues Arm-
2. }   strong.
3. Machines hydrauliques pour élever les wagons de houille.
4. Magasins.
5. Bureaux.
6. Idem.
7. Magasin à trois étages et quais à bestiaux.

8. }
9. } Remises et ateliers de petit entretien
10. }   des wagons.
11. }
12. 12'. Grues.
13. Estacade à houille.
14. Surveillants.

PLANCHE XIX

GARES INTERMÉDIAIRES

Fig. 1. — Gare de Windsor (chemin de Bristol). — Ce système, abandonné, nécessite deux bâtiments pour les salles d'attente.

1. 1. Bâtiment de voyageurs.
2. 2. 2'. 2'. Trottoir servant alternativement au départ et à l'arrivée.

3. 3. 4. 4. Voies directes sur lesquelles viennent se raccorder les voies contiguës aux trottoirs.

Fig. 2. — Gare de Château-Thierry (chemin de fer de Strasbourg). — Voie de garage entre le trottoir de départ et le trottoir d'arrivée.

1. Bâtiment de voyageurs.
2. Buffet.
3. Halles à marchandises.

4. Remise de machines.
5. 5. Remise de wagons.
6. Passage à niveau.

Fig. 3. — Gare allemande avec trottoir entre les voies.

1. Estacade à houille.
2. 2. Trottoirs.

3. Grue.

Fig. 4. — Gare de Courcelles sur le chemin d'Auteuil. — Bâtiment au-dessus du chemin, qui est en tranchée.

1. Salles d'attente.
2. Billets.
3. Entrée du vestibule.
4. 4. Sortie des voyageurs.

5. Trottoirs des voyageurs.
6. Voie montante.
7. Voie descendante.

Fig. 5. — Gare d'Olten sur le chemin de fer central suisse. — Disposition commode. — Cette gare est une gare d'embranchement.

1. Bâtiment des voyageurs avec galerie couverte.
2. 2. Ponts roulants (chariot).
3. 3. Remise de locomotives et de wagons.
4. Pont roulant.
5. Plaque tournante.
6. Dépôt de machines.
7. Grue Arnoux.
8. 8. Halles couvertes pour voyageurs.
9. 9. Logements et jardins.
10. 10. Remises de wagons.

11. Pont roulant.
12. Atelier de menuiserie.
13. Forges et chaudronnerie.
14. Tours et ajustage.
15. Montage.
16. Remises de locomotives.
17.   Idem.
18. Pompe à incendie, fers et huile.
19. Bureaux et magasins des modèles, portier.
20. Magasin à bois.
21. Gazomètre.

PLANCHE XX

DISPOSITIONS DIVERSES DES HALLES A MARCHANDISES DANS LES STATIONS INTERMÉDIAIRES

Fig. 1. — Halle avec auvent pour le chargement des voitures, et voie intérieure pour les wagons. — Disposition à préférer.
Fig. 2. — Halle avec voies intérieures pour les voitures et les wagons.
Fig. 3. — Halle avec voies extérieures.
Fig. 4. — Halle avec voies intérieures et quai double de l'Ouest.
Fig. 5. — Halle du chemin de fer des Ardennes.
Fig. 6. — Halle du chemin de fer du Nord.

PLANCHE XXI

DISPOSITIONS DIVERSES DE REMISES POUR LOCOMOTIVES

Fig. 1. — Élévation et coupe d'une remise polygonale du chemin de fer de l'Est. — Disposition très-convenable pour un grand nombre de locomotives.
Fig. 1^1. — Plans de la même remise.
Fig. 2. — Coupe d'une des remises sans support du chemin des Ardennes.
Fig. 2^1. Plan de la même remise.
Fig. 3. — Plan de l'ancienne demi-rotonde construite dans la gare de Paris du chemin de fer de Strasbourg. — Disposition coûteuse.
Fig. 4. — Plan d'une remise en fer à cheval construite dans la gare de la Villette. — Disposition incommode. — Surveillance difficile. — Chauffage également difficile en hiver. — Grand développement de voies. — Plaque tournante non couverte.
Fig. 5. — Plan de la remise rectangulaire établie à Bar-le-Duc avec chariot à l'intérieur.
Fig. 6. — Plan de la remise établie à Blesme, et disposition des voies de service conduisant aux deux plaques.

PLANCHE XXII

ALIMENTATION DES GARES

Fig. 1, 1^1. — Élévation, coupe et plan d'un réservoir rectangulaire avec cuve circulaire.
Fig. 2, 2^1. — Élévation, coupe et plan d'un autre réservoir rectangulaire avec cuve rectangulaire.

Fig. 3, 3¹. — Élévation, coupe et plan d'un petit réservoir polygonal, avec cuve circulaire. — Préférable aux réservoirs rectangulaires. — Généralement en usage aujourd'hui.

Fig. 4. — Élévation, coupe et plan d'un petit réservoir à fond sphérique avec machine à vapeur chauffant l'eau.

Fig. 5. — Autre réservoir.

Fig. 6. 7. — Détails de la prise d'eau et du clapet de distribution.

PLANCHE XXIII

DISTRIBUTION DU BATIMENT DE VOYAGEURS ET DISPOSITION DES MARQUISES

Fig. 1. — Bâtiment des voyageurs du chemin de fer de Lyon à Paris. — Excellent modèle.

CÔTÉ DU DÉPART.

1. Escalier de service pour les caves.
2. ⎫
3. ⎪ Petit
4. ⎬ entretien
5. ⎪
   ⎭
   - Forge et atelier.
   - Magasin des graisseurs.
   - — des pièces de rechange.
   - Bureau. — A l'étage au-dessus : Tapissiers et magasins.
6. Latrines.
7. Embarquement des chaises de poste.
8. Magasin du matériel du mouvement.
9. Remise des trucks.
10. Corps de garde des équipes.
11. A l'étage : Dortoir des hommes d'équipe.
12. ⎫
13. ⎬ Buffet.
14. ⎭
    - Salle du café-restaurant.
    - Buvette.
    - Laboratoire.
15. Étage : Dépendance et logement.
16. ⎫
17. ⎪
18. ⎬ Salles d'attente.
19. ⎪
20. ⎭
    - 3ᵉ classe : Station au delà de Montereau.
    - 3ᵉ classe : De Paris à Montereau.
    - 2ᵉ classe : Au delà de Montereau.
    - 2ᵉ classe : De Paris à Montereau.
    - 1ʳᵉ classe.
21. Passage conduisant au bureau des correspondances et aux buffets.
22. Bureau des billets.
23. Vestibule du départ.
24. Passage aux salles de bagages.
25. — aux salles d'attente.
26. Bureau du chef de gare.
27. Passage de service.
28. Bouilleurs pour les chaufferettes.

29. ⎫ Étage.
30. ⎭
    - Chef de gare.
    - Antichambre.
31. ⎫ Salles
32. ⎬ des
33. ⎭ bagages.
    - Réception et pesage des bagages.
    - Bureau du receveur de la ligne de Lyon à Troyes.
34. ⎫
35. ⎪ Bureau
36. ⎬ des articles
37. ⎪ de
38. ⎭ messagᵉ.
    - Dépôt des colis.
    - Bureau des employés.
    - Réception des articles.
    - Bureau du factage.
    - Chargement des colis.
39. ⎫
40. ⎪
41. ⎬ Cabinets
42. ⎪ d'aisance.
43. ⎭
    - Côté des hommes.
    - Côté des femmes.
    - Cabinᵗ des hommes d'équipe.
    - Chambre de la gardienne.
    - Couloir pour les cabinets des femmes.
44. Bureau des correspondances.

Il existe des caves sous toute la surface des salles d'attente et de bagages, dans lesquelles sont placés des calorifères.

CÔTÉ DE L'ARRIVÉE.

45. Passage.
46. Magasin des litiges.
47. Consigne de la ligne de Lyon.
48. — de la ligne de Troyes.
49. Passage de service.
50. Articles Bureau restant (Lyon).
51. Factage et messagerie (Troyes).
52. Bureaux.
53. Passage.
54. ⎫ Bureau
55. ⎬ des articles
56. ⎬ de
57. ⎪
58. ⎭ messagᵉ.
    - Bureau des employés.
    - Chef de bureau.
    - Entrée du public.
    - Dépôt des colis de Lyon.
    - — de Troyes.

59.	Salles de distribution des bagages.	Distribution et visite. Bureau de sous-facteurs.	74.		Trottoirs d'arrivée du lait et des denrées pour le marché.
60.			75.		Bureau de l'employé au lait.
61.	Vestibule de sortie.	Voyageurs avec bagages. — sans — Partie affectée au public.	76.	Bureau du mouvement.	Entrée des bureaux.
62.			77.		Poste télégraphique.
63.			78.		Salle des conducteurs.
64.	Corps de garde. de l'octroi. Commissaire de police.	Employés. Brigadiers. Bureau. Antichambre.	79.		Employés.
65.			80.		Sous-chefs.
66.			81.		Salle des chefs de trains.
67.			82.		Entrée des bureaux.
68.	Corps de garde de la troupe.		83.	Service médical.	Salle d'attente.
69.	Étage.	Logement du sous-chef de gare. Chambre pour le commissaire. — de l'officier de police. — des agents de police. Violon.	84.	Latrines.	
70.			85.	Quai à chaises de poste.	
71.			86.	Latrines.	
72.			87.		
73.			88.	Cour d'arrivée.	

Fig. 2. — Plan du bâtiment des voyageurs. Type de première classe du chemin de fer de l'Est. — Bonne disposition, en supprimant toutefois le pavillon des latrines à l'avant du train. Un seul pavillon de chaque côté à l'arrivée suffit.

La sortie doit avoir lieu par une des extrémités, sous un passage couvert assez large pour qu'on puisse le partager longitudinalement en deux parties par une table, si la distribution des bagages ne se fait pas sur le trottoir.

1. Vestibule.
2. Bureau restant.
3. Télégraphe.
4. Magasin.
5. Sous-chef de gare.
6. Commissaire de surveillance.
7. Chef de gare.
8. Bagages.
9. Billets.
10. Passages.
11. 12. 13. Salles d'attente. 1re classe. 2e classe. 3e classe.
14. Bureau de la voie.
15. Dépôt.
16. Cabinets.
17. Latrines, lampes, etc.
18. — pompes à incendie.
19. 19'. Latrines.
20. 20'. Trottoirs de voyageurs.

Fig. 3. — Plan de distribution du bâtiment des voyageurs de deuxième classe du chemin de fer de l'Est.

1. Vestibule.
2. Bureau restant.
3. Bureau de la voie.
4. Magasin.
5. Chef de gare et télégraphe.
6. Bagages.
7. Billets.
8. Passages.
9. 10. 11. Salles d'attente. 1re classe. 2e classe. 3e classe.
12. Cabinet et armoires.
13. Cabinets et lampes.
14. 15. Cabinets.
16. 16'. Trottoirs de voyageurs.

Fig. 4. — Plan du bâtiment des voyageurs de première classe du chemin de fer du Nord.

1. Vestibule.
2. Billets.
3. 4. 5. Salles d'attente. 1re classe. 2e classe. 3e classe.
6. Grande salle de bagages.
7. Consigne.
8. Bureau.
9. Sortie des voyageurs.
10. Chef de gare.
11. Salle à manger.
12. Salon.
13. Commissaire.
14. Équipe.
15. Lampes.
16. Chambre à coucher.
17. Trottoir couvert.
18. 19. Cabinets d'aisances. Côté des hommes. Côté des femmes.
20. Caves et calorifères.

Fig. 5. — Plan du bâtiment des voyageurs de deuxième classe du chemin de fer du Midi.

1. Bureau de recette.
2. ⎫
3. ⎬ Bagages, messageries, billets.
4. Salles d'attente.
5. Chef de gare.
6. Sous-chef de gare.
7. Commissaire de surveillance.
8. Hommes d'équipe.
9. Lampisterie.
10. Bureau de la voie.
11. Consigne.
12. Télégraphe.

Fig. 6. — Plan du bâtiment des voyageurs de première classe du chemin de fer du Midi.

1. Bureau de recette.
2. ⎫
3. ⎬ Billets, bagages, messageries.
4. Salles d'attente.
5. Buffet.
6. Buvette.
7. Cuisine.
8. Chef de gare.
9. Sous-chef de gare.
10. Surveillants.
11. Commissaire.
12. Hommes d'équipe.
13. Chaufferettes.
14. Lampisterie.
15. Bureaux de la voie.
16. Bureau de la poste.
17. Télégraphe.
18. Consigne.

Fig. 7. — Disposition adoptée au chemin de fer du Nord pour la largeur du trottoir et des marquises. Cette marquise ne couvre pas le trottoir entièrement, elle laisse les voyageurs à la pluie quand ils veulent monter en voiture.

Fig. 8. — Autre disposition qui couvre entièrement le trottoir, mais qui n'abrite pas les voyageurs qui montent, la marquise ne s'avançant pas au-dessus des wagons.

Fig. 9. — Disposition du chemin de l'Est, couvrant le trottoir et une partie des voitures.

Fig. 10. — Disposition d'abris sans marquises du chemin de fer de Lyon.

PLANCHE XXIV

ATELIERS DE CONSTRUCTION ET DE RÉPARATION

Fig. 1. — Disposition des ateliers du chemin de fer de Lyon, à Bercy.

1. Montage.
2. Ajustage.
3. Forges.
4. Peinture.
5. Carrosseries.
6. Bureaux.
7. 7. Magasins.

Fig. 3. — Disposition des ateliers du chemin de l'Est, à Épernay.

1. 1. Remises de locomotives.
2. Montage.
3. 3. Forges.
4. 4. Ajustage.
5. Idem.
6. Logements et bureaux.
7. Magasin.
8. Dépendances.
9. Magasin à bois.

Fig. 10. — Disposition des ateliers du chemin de fer du Nord, à la Chapelle.

1. 1. Remises de locomotives.
2. 2. Idem.
3. 3. 3. Atelier central de montage et remise de wagons.
4. Bureaux.
5. Forges.
6. Ajustage.
7. Montage.
8. Économat.
9. Gazomètre.

ARCHITECTURE

Fig. 2, 5, 7, 9, 11. — Élévation de divers bâtiments du chemin de fer Badois.
Fig. 4, 6, 8. — Plan des maisons de garde du chemin de fer de l'Est.

PLANCHE XXV

ARCHITECTURE

Fig. 1. Élévation de la gare des chemins de fer de l'Est à Paris.
Fig. 2. — Détails de l'horloge de la façade (la Seine et le Rhin).
Fig. 3, 4. — Statue de la ville de Strasbourg, surmontant le fronton.
Fig. 5, 6. — Chapiteaux ornés de la gare.

PLANCHE XXVI

VOITURES ET WAGONS

Fig. 1. — Coupe d'un tampon de choc avec rondelle en caoutchouc.
Fig. 2. — Disposition des anciennes plaques de garde des voitures.
Fig. 3. — Nouvelle disposition des plaques en fer forgé avec entretoise, destinée à maintenir le parallélisme des essieux.
Fig. 4. — Coupe d'un crochet de traction avec rondelles en caoutchouc.
Fig. 5. — Tendeur ordinaire pour attelage des voitures.
Fig. 6, 6^1. — Crochet d'attelage employé au chemin de fer de Rouen pour dételer la machine sans arrêter le train.
Fig. 7. — Mode de suspension des châssis employé en Belgique afin d'abaisser le centre de gravité. — Abandonné.
Fig. 8. — Autre mode de suspension. — Les ressorts placés au-dessus des longerons.
Fig. 9. — Tendeur Lassale pour l'attelage. — Peu employé à cause de la difficulté de la manœuvre.
Fig. 10. — Mode de suspension avec le ressort au-dessous de la boîte à graisse. — Peu usité.
Fig. 11, 12, 13. — Modes divers d'attache du ressort.

PLANCHE XXVII

VOITURES ET WAGONS

Fig. 1. — Coupe d'une boîte à graisse de wagon de terrassement.
Fig. 2, 3, 3^1. — Plan et coupe en long et en travers d'une boîte à graisse du chemin de Strasbourg.
Fig. 4, 4^1, 4^2, 4^3. — Élévation et coupe de la boîte à huile et à graisse du chemin de fer du Nord.

Fig. 5, 5¹. — Élévation et coupe d'un système inventé par M. Wissocq dans le but de convertir le frottement de glissement en frottement de roulement.

Fig. 6, 6¹. — Coupe d'une nouvelle boite de la compagnie de l'Est. — Peut être employée pour le graissage à l'huile et pour celui à la graisse. Un disque lenticulaire, monté sur l'extrémité de la fusée, recueille l'huile placée dans la partie inférieure de la boite et la projette sur le coussinet, dans lequel sont ménagées une rigole et des lumières de distribution. — Un des principaux inconvénients du graissage à l'huile provient des pertes d'huile. Ce système a pour but de les éviter.

Fig. 7, 7¹. — Autre méthode employée en Allemagne pour le graissage à l'huile. — L'huile, placée dans un réservoir en fer, est portée sous la fusée au moyen d'une mèche qui est soulevée par un flotteur placé à l'extrémité d'un petit levier articulé.

Fig. 8. — Autre disposition. — L'huile est placée dans un réservoir supérieur, et une mèche faisant office de siphon conduit l'huile au-dessus du coussinet.

Fig. 9. — Disposition d'une roue de terrassement, en fonte, coulée en coquille, avec frettes en fer forgé. — Abandonnée.

Fig. 10. — Disposition d'une roue en fer forgé, sans faux cercle avec moyeu en fonte.

Fig. 11. — Disposition d'une roue en fer forgé, avec faux cercle et moyeu en fonte.

Fig. 12. — Disposition d'une roue en fer, fonte et bois.

Fig. 13. — Autre roue en fer à secteurs forgés et soudés.

Fig. 14. — Autre système de roue, dont le moyeu est formé de l'extrémité des rais contournés et soudés.

Fig. 15. — Disposition du mode de suspension des voitures.

Fig. 16. — Coupe d'un bandage de roue de wagons.

Fig. 16¹. — Autre disposition d'un bandage fixé au moyen de cales en bois. — Peu employé.

Fig. 17. — Profil d'un essieu de wagons.

Fig. 18. — Disposition d'un essieu avec fusée extérieure.

Fig. 18¹. — Autre disposition avec fusée intérieure.

Fig. 19. — Disposition des molécules d'un essieu cassé.

Fig. 20. — Disposition d'un support de ressort de voitures avec vis de rappel.

PLANCHE XXVIII

VOITURES ET WAGONS

Fig. 1. — Châssis des voitures de troisième classe du chemin de Londres à Birmingham. — Abandonné.

Fig. 2. — Châssis de voitures du chemin de Gloucester à Birmingham.

Fig. 3. — Châssis très-économique des voitures du chemin de fer de Versailles (rive gauche). — Permet difficilement l'emploi des tendeurs; donne lieu à un grand mouvement de lacet. — Abandonné.

Fig 4. — Châssis des voitures de deuxième classe du chemin de Londres à Birmingham. — Abandonné.

Fig. 5, 5¹. — Wagon et châssis employés sur les chemins belges. — Abandonnés.

Fig. 6. — Disposition de châssis de wagons à marchandises, sans tampons de choc.

Fig. 7. — Disposition de châssis de wagons du chemin de fer de Rouen. — Modèle généralement adopté aujourd'hui en France.

Fig. 8. — Disposition d'un autre châssis employé sur le chemin de fer d'Orléans. — Les essorts de choc et de traction fatiguent le châssis. — Abandonné.

PLANCHE XXIX

VOITURES ET WAGONS

Fig. 1. — Ancien frein du chemin de Saint-Germain.
Fig. 2. — Frein à levier employé sur certains wagons à marchandises et dans les travaux de terrassement.
Fig. 3. — Ancien frein du chemin de fer de Versailles (rive gauche).
Fig. 4. — Frein du chemin de fer de Rouen. — Le plus répandu.
Fig. 5. — Nouvelle disposition du frein de Versailles, permettant aux sabots, au moyen d'une bielle articulée, d'être toujours en contact avec le bandage de la roue. — Employé aux chemins de fer de l'Est pour un certain nombre de voitures.
Fig. 6. — Disposition du frein Bricogne, appliqué extérieurement.
Fig. 7. — Disposition de ce frein appliqué à l'intérieur d'un wagon à bagages.

PLANCHE XXX

VOITURES ET WAGONS

Fig. 1. — Disposition du frein Guérin. Ce frein automoteur agit au moyen des tampons, et peut, au besoin, être manœuvré par le garde-frein. — Il donne de bons résultats et vient d'être simplifié par l'inventeur.
Fig. 1^1. — Plan du châssis et disposition de l'appareil.
Fig. 1^2. — Élévation et coupe du manchon de déclanchement.
Fig. 2. — Élévation du wagon-frein du système Laignel, établi sur les plans inclinés e Liége.
Fig. 2^1. — Coupe en travers du même wagon.
Fig. 3. — Wagon à voyageurs avec impériale du chemin de fer de l'Ouest.
Fig. 4. — Wagon destiné au transport du lait.
Fig. 5. — Wagon à bagages.
Fig. 6. — Wagon à voyageurs de première classe.

PLANCHE XXXI

RÉSISTANCE AU MOUVEMENT DES WAGONS

Fig. 1. — Disposition d'un wagon à galets, établi sur le chemin de fer de Bolton à Leigh dans le but de diminuer le frottement sur les fusées. — Abandonné.
Fig. 2. — Disposition d'un autre système à rouleaux.

Fig. 3. — Disposition adoptée par M. Laignel pour diminuer la résistance dans les courbes. — Bon seulement pour de petites vitesses sur les chemins à traction de chevaux.

Dans cette disposition, le *bourrelet* de la roue repose sur un rail à cornière. Ce qui augmente le diamètre de la roue et compense en partie l'inconvénient de la solidarité des roues sur l'essieu dans un mouvement de rotation circulaire.

Fig. 4. — Position des roues quand elles quittent une ligne droite pour entrer dans une courbe Laignel. Dans ce cas, les deux d'avant sont déjà engagées dans la courbe du chemin, quand les deux d'arrière sont encore dans l'alignement. Il y a alors frottement additionnel sur les boudins, ce qui augmente considérablement la résistance.

Fig. 5, 5¹, 5². — Disposition du système de M. Arnoux, modifié. — Applicable, dans certains cas, aux chemins à grande vitesse.

Fig. 6. — Position des essieux avec l'ancien système.

Fig. 7, 7¹, 7². — Disposition de l'ancien système Arnoux, avant l'application du parallélogramme articulé.

Fig. 8. — Position des essieux avec le nouveau système.

Fig. 9. — Description graphique de la déformation du parallélogramme.

Fig. 10. — Disposition de l'ancien système et mode de transmission de mouvement à chaque essieu.

PLANCHE XXXII

PLANS INCLINÉS ET PLANS AUTOMOTEURS

Fig. 1, 1¹. — Disposition des tasseaux mobiles employés pour arrêter la descente du train.

Fig. 2. — Disposition sommaire d'un plan automoteur avec aiguilles pour la voie d'évitement. *Système anglais.*

Fig. 3. — Poulie de support du câble.

Fig. 4. — Disposition d'un plan automoteur à deux voies avec changements.

Fig. 5. — Autre disposition de poulies de support ou de renvoi.

Fig. 6. — Emploi des machines fixes sur le chemin de Londres à Blackwall.

Fig. 7. — Poulie et freins employés sur les plans automoteurs.

Fig. 8. — Disposition de la machine fixe du plan incliné de Liége.

Fig. 9. — Plan des aiguilles employées dans les plans automoteurs.

Fig. 10. — Plan du chariot employé pour tendre le câble des plans inclinés.

Fig. 11. — Autre système de plan incliné, employé en France pour l'extraction des charbons.

PLANCHE XXXIII

MACHINES LOCOMOTIVES

TABLEAU HISTORIQUE

Fig. 1. — Machines locomotives à crémaillère, de Blenkinsop (1811).

Fig. 2. — Machines de Brunton (1813).

Fig. 3. — Machines à chaîne sans fin, de George Stephenson (1815).
Fig. 4. — Machines à bielle d'accouplement, de Stephenson (1815).
Fig. 5. — La *Fusée*, machine du concours de Liverpool à Manchester (1829).
Fig. 6. — Machine à voyageurs, de Stephenson (1845).
Fig. 7. — Machine à grande vitesse, construite par Crampton (1849).
Fig. 8. — Machine très-puissante à engrenage, employée sur le chemin du Sommering, par Engerth (1853).

PLANCHE XXXIV

MACHINES LOCOMOTIVES

Fig. 1. — Coupe transversale par l'axe de la boîte à feu d'une machine construite dans le système Stephenson.
Fig. 1¹. — Coupe longitudinale par l'axe de la même machine.
Fig. 1². — Coupe transversale par l'axe de la boîte à fumée de la même machine avec cylindres extérieurs et tiroirs extérieurs.
Fig. 1³. — Disposition d'une machine Stephenson à cylindres extérieurs, châssis et tiroirs intérieurs.
Fig. 2. — Position que prend la roue dans le cas de la rupture d'un essieu dans les machines à châssis extérieurs.
Fig. 3. — Position dans le cas de rupture si le châssis est intérieur.
Fig. 4. — Disposition d'une machine à cylindres et à tiroirs extérieurs. Essieux coudés et châssis extérieurs.

PLANCHE XXXV

MACHINES LOCOMOTIVES

Fig. 1. — Élévation et plan d'une ancienne machine Bury, à châssis extérieur et cylindres et tiroirs intérieurs, du chemin de Londres à Birmingham et de Paris à Saint-Germain.
Fig. 2. — Élévation et plan d'une ancienne machine de Fenton-Murray. Châssis extérieur, cylindres et tiroirs intérieurs.
Fig. 3. — Plan et élévation d'une machine de Sharp-Roberts. Châssis extérieur, cylindre et tiroirs intérieurs. Chaudière courte.
Fig. 4. — Plan et élévation d'une machine à voyageurs de Stephenson, à châssis et tiroirs intérieurs et cylindres extérieurs. — Modèle de 1845. — Peu employé aujourd'hui. — Boîte à feu en porte à faux trop petite.
Fig. 5. — Plan et élévation d'une machine du système Buddicom, à châssis intérieurs pour les roues motrices, et châssis extérieurs pour la petite roue. Cylindres extérieurs et tiroirs intérieurs. — Bon modèle, avec les modifications apportées par M. Polonceau.
Fig. 6. — Plan et élévation d'une machine à voyageurs, de Stephenson, avec les grandes roues placées en avant de la boîte à feu. Dans cette machine, le châssis est inté

rieur et les cylindres extérieurs; les tiroirs placés entre les deux cylindres. — Modèle peu employé.

Fig. 7. — Plan et élévation d'une machine du type Stephenson, du chemin de Strasbourg, à chaudière moyenne, avec petite roue à l'arrière de la boîte à feu. — Châssis et tiroirs intérieurs, cylindres extérieurs. — Modèle en usage sur un grand nombre de chemins de fer en France et en Prusse.

Fig. 8. — Machine Stephenson, du chemin de fer du Nord, avec roue à l'arrière de la boîte à feu. — Châssis et tiroirs intérieurs; cylindres extérieurs.

PLANCHE XXXVI

MACHINES LOCOMOTIVES

Fig. 1. — Plan et élévation d'une machine Stephenson à arbre coudé. — A double châssis pour l'arbre coudé et les roues motrices, et châssis intérieur pour les roues porteuses, cylindres et tiroirs intérieurs. — Modèle peu usité.

Fig. 2. — Machine à voyageurs américaine à double châssis, à chariot mobile à l'avant de la machine. — Les machines du système américain employées sur les chemins allemands sont à six roues seulement.

Fig. 3. — Machine Crampton, double châssis. — Cylindres extérieurs; tiroirs inclinés au-dessus des cylindres. — Excellent modèle pour le service à grande vitesse. On en est très-satisfait aux chemins de fer du Nord et de l'Est.

Fig. 4. — Machine express du Great-Western railway. Ce chemin est à large voie. — Des quatre essieux de cette machine, deux sont en avant de la roue motrice, et le quatrième derrière la boîte à feu. Cylindres et tiroirs intérieurs.

Fig. 5. — Machine construite par M. Bury pour le chemin de Londres à Birmingham (voie ordinaire). Dimensions des surfaces de chauffe considérables; avec une roue de plus que les Crampton ordinaires. Doubles châssis, cylindres extérieurs, tiroirs superposés. — Modèle peu répandu.

Fig. 6. — Machine dans le système Crampton à double châssis, cylindres et tiroirs extérieurs, employée sur le chemin Badois. — Cette machine diffère des autres du même type par la disposition des roues porteuses, qui tournent autour d'une cheville ouvrière, ce qui permet de passer dans des courbes d'un très-petit rayon. — Porte à faux très-considérable; surcharge sur l'essieu moteur.

PLANCHE XXXVII

MACHINES LOCOMOTIVES

Fig. 1. — Machine à marchandises très-puissante, du chemin de fer du Nord, avec essieu à l'arrière de la boîte à feu, cylindres inclinés et tiroirs intérieurs, essieux coudés; roues couplées. — Les roues d'avant dans cette machine sont trop chargées.

Fig. 2. — Machine à marchandises du chemin de fer de l'Est, à trois paires de roues couplées. — Châssis et tiroirs intérieurs et cylindres extérieurs.

Fig. 3. — Machine à marchandises du chemin de fer d'Orléans. — Trois paires de roues couplées, à châssis, cylindres et tiroirs intérieurs. — Ces deux modèles sont très-répandus.

Fig. 4. — Nouvelle machine en construction au chemin de fer du Nord. — Dans cette machine, MM. Petiet et Nozo ont voulu obtenir beaucoup d'adhérence et pouvoir traîner de lourdes charges sur de fortes rampes, à une très-petite vitesse ; aussi ont-ils donné un très-petit diamètre à leurs quatre paires de roues, qu'ils ont accouplées. Le châssis est intérieur, les cylindres extérieurs et les tiroirs placés au-dessus des cylindres. — Bon modèle pour marcher à de très-petites vitesses sur de fortes pentes.

Fig. 5. — Machine-tender du chemin du Midi à châssis intérieurs, cylindres extérieurs inclinés, tiroirs juxtaposés. — Modèle abandonné.

Fig. 6. — Machine-tender du chemin de Saint-Germain à châssis, cylindres et tiroirs intérieurs.

PLANCHE XXXVIII

MACHINES LOCOMOTIVES

Fig. 1. — Machine mixte du chemin du Nord, à cylindres extérieurs, châssis et tiroirs intérieurs ; le foyer se trouve entre les roues motrices.

Fig. 2. — Machine mixte du chemin de fer de l'Est, à châssis, tiroirs et cylindres intérieurs. Roues motrices en avant de la boîte à feu. — On a renoncé, aux chemins de fer de l'Est, aux machines à cylindres intérieurs pour éviter l'essieu coudé, qui se rompait fréquemment, et on a remplacé le modèle fig. 2 par celui fig. 3.

Fig. 3. — Machine mixte du chemin de fer de l'Est, à cylindres extérieurs, châssis et tiroirs intérieurs. Roues motrices en avant de la boîte à feu. — Fait un excellent service.

Fig. 4. — Machine mixte du chemin de fer d'Orléans. — Tiroirs et châssis extérieurs. Cylindres intérieurs. Roues motrices à l'arrière de la boîte à fumée et roues porteuses en avant de la boîte à feu.

Fig. 5. — Autre machine mixte de même construction, mais avec les petites roues porteuses à l'arrière de la boîte à feu.

Fig. 6. — Machine mixte du chemin de fer de Lyon. — Châssis extérieur. Cylindres et tiroirs intérieurs. Roues motrices entre la boîte à feu et la boîte à fumée. Roues porteuses à l'arrière de la boîte à feu.

PLANCHE XXXIX

MACHINES LOCOMOTIVES

Fig. 1. — Machine mixte américaine, avec avant-train mobile au-dessous de la boîte à feu. — Double châssis. — Cylindres extérieurs. — Ces machines, employées en Amérique et sur quelques chemins allemands, passent facilement dans les courbes, mais elles ne peuvent marcher à de grandes vitesses, et on ne peut leur donner une grande adhérence.

Fig. 2. — Autre machine mixte, avec avant-train mobile, châssis intérieur. — Cylindres extérieurs, tiroirs superposés. Boîte à feu entre les roues motrices. — Cette machine, étudiée par M. Daniel Gooch, est employée en Angleterre sur le chemin à large voie, Great-Western.

Fig. 3. — Machine mixte Engerth, à essieu coudé, double châssis, cylindres intérieurs, tiroirs superposés. — Cette machine est employée exclusivement sur le chemin du Nord français, où elle fait un bon service.

Fig. 4. — Machine Engerth, du Creuzot, avec cheville ouvrière, mais sans engrenage, avec quatre paires de roues couplées. — Ces machines font, sur les chemins français du Nord et de l'Est, un bon service pour le transport des houilles en grandes masses, service auquel elles sont exclusivement employées. Leurs frais d'entretien sont malheureusement excessifs, et elles paraissent fatiguer beaucoup les rails.

Fig. 5. — Machine Engerth, du Sommering ; comme dans la machine précédente, le tender fait partie de la machine et y est relié au moyen d'une cheville ouvrière placée en avant de la boîte à feu.

On peut avec cette machine, au moyen de l'engrenage, utiliser toute l'adhérence produite par le poids de la machine et par celui du tender, mais l'engrenage fonctionne mal, et aujourd'hui on y renonce.

PLANCHE XL

MACHINES LOCOMOTIVES

Fig. 1. — Entretoises du foyer en cuivre rouge.

Fig. 2, 2¹. — Armature du ciel du foyer (système Crampton) ; plan, coupe et élévation.

Fig. 3, 3¹ 3². — Plan, coupe et élévation d'une soupape de sûreté avec sa balance.

Fig. 4. — Disposition des chaudières de machine Crampton.

Fig. 5. — Élévation et coupe des plaques tubulaires du foyer.

Fig. 6. — Cornière en bronze servant à l'assemblage du foyer avec son enveloppe.

Fig. 7. — Autre mode d'assemblage au moyen d'un cadre en fer.

Fig. 8. — Section d'un bouilleur employé dans certaines machines afin d'augmenter la production de vapeur. (Voir fig. 15.) — Ce bouilleur est très usité en Angleterre, où l'on brûle généralement du coke de très-bonne qualité. En France, où le coke est moins pur, on a cessé d'en faire usage.

Fig. 9. — Coupe longitudinale d'un niveau d'eau.

Fig. 10. — Assemblage de tubes au moyen de viroles avec la plaque tubulaire.

Fig. 11. — Bouchon fusible du foyer.

Fig. 12. — Coupe longitudinale d'un niveau d'eau avec robinet d'épreuve.

Fig. 13. — Élévation d'un manomètre Journeux ou Galy-Cazalat.

Fig. 14. — Manomètre Desbordes. — Très-répandu.

Fig. 15. — Section longitudinale et plan d'un foyer à bouilleur.

Fig. 16. — Barreaux de grille de machine.

Fig. 17. — Mode d'assemblage du corps cylindrique avec la plaque tubulaire.

Fig. 18. — Manomètre Bourdon.

Fig. 19. — Autre manomètre Bourdon.

Fig. 20. — Détail du manomètre Journeux (fig. 13).

Fig. 21. — Détail du manomètre Desbordes (fig. 14 et 22).

Fig. 22. — Autre manomètre Desbordes.

PLANCHE XL bis

MACHINES LOCOMOTIVES

Fig. 1 et 1¹. — Disposition inventée par MM. de Marsilly et Chobrzinski dans le but de brûler la fumée de la houille dans les machines locomotives.

Cette grille, dite à échelons, est composée de barreaux plats assez larges placés dans le sens transversal de la boîte à feu. — La partie inférieure est composée de trois barreaux mobiles que le mécanicien peut faire tomber quand il veut jeter son feu. On paraît en être satisfait au chemin du Nord, où l'on brûle des houilles de bonne qualité. Aux chemins de l'Est, avec des houilles moins pures, elle n'a pas eu de résultats satisfaisants.

Fig. 2. — Coupe en long et coupe en travers de la boîte à feu et de la chaudière de la machine *Eugénie*, construite par M. Mac-Connell dans le but de brûler la fumée de la houille.

Cette machine est composée de deux foyers qu'on ne charge pas en même temps. — Les gaz qui s'échappent de la combustion incomplète qui se fait dans la première partie du foyer viennent se brûler dans la chambre E, où on a ménagé une admission d'oxygène assez considérable pour activer cette combustion avant que les gaz s'introduisent dans les tubes, qui sont très-courts. — On est fort content de cette machine, qui fait les trains de grande banlieue du chemin du Nord; mais elle exige aussi l'emploi de cokes assez purs.

Fig. 3. — Élévation et coupe de l'appareil inventé par M. Duméry dans le but de brûler la fumée de la houille. Le combustible est jeté dans les cornues latérales A, et introduit dans l'intérieur du foyer à l'aide des refouloirs en fonte C, qui le forcent, au moyen d'une vis sans fin et d'un quart de roue dentée, à venir se placer sous le combustible incandescent, où il se distille préalablement et se brûle ensuite.

Fig. 3¹. — Détails des deux parties mobiles de la grille circulaire.

Fig. 3². — Plan de la grille et disposition d'ensemble de l'appareil.

Ce système n'a pu être appliqué jusqu'à présent avec avantage aux locomotives.

PLANCHE XLI

MACHINES LOCOMOTIVES

Fig. 1. — Élévation et coupe d'un sifflet de machine locomotive.

Fig. 2, 2¹. — Coupe d'une cheminée à turbine dite appareil de Klein. — Employée exclusivement pour les machines où l'on brûle du bois qui donne beaucoup d'étincelles.

Fig. 3, 3¹. — Disposition d'un échappement à plaque. — Modèle abandonné.

Fig. 4 et 5. — Disposition d'un échappement à valves. — Modèle préféré.

Fig. 6. — Disposition d'un échappement à cône. — Modèle abandonné.

Fig. 7. — Volant et mouvement de renvoi de la tige d'échappement.

— 36 —

Fig. 8. — Robinet de vidange.
Fig. 9. — Tampon de vidange.
Fig. 10. — Robinet conique réchauffeur de M. Polonceau.
Fig. 11. — Robinet graisseur du cylindre.
Fig. 12. — Élévation et coupe d'un régulateur à papillon ; grippe ou laisse échapper la vapeur ; on préfère le régulateur suivant.
Fig. 13. — Élévation et coupe d'un régulateur à tiroir vertical.
Fig. 14. — Coupe transversale d'un cylindre à vapeur du Nord.
Fig. 14^1. — Coupe longitudinale du même cylindre.
Fig. 15. — Robinet graisseur des tiroirs (système Polonceau).
Fig. 16. — Robinet de vidange (système Polonceau).
Fig. 17. — Boîte de prise de vapeur à tiroir horizontal (système Crampton).
Fig. 18. — Cylindre à vapeur avec tiroir au-dessous.
Fig. 19. — Cylindres à vapeur avec tiroirs intermédiaires.

PLANCHE XLII

MACHINES LOCOMOTIVES

Fig. 1. — Description d'un *stuffing-box*, ou boîte à étoupe des tiges de piston ou de tiroirs.
Fig. 2, 2^1, 2^2. — Disposition sommaire et relative du tiroir et du piston.
Fig. 3. — Disposition du cadre et du ressort servant à maintenir et à guider le tiroir dans la boîte à vapeur.
Fig. 4. — Disposition du tiroir Jobin à l'état d'essai sur les chemins de l'Est. — Donne de bons résultats.
Fig. 5. — Robinet graisseur des tiroirs.
Fig. 6, 6^1, 6^2, 6^3. — Plan et coupe d'un piston ordinaire à segments.
Fig. 7, 7^1. — Plan et coupe du piston suédois. — Excellent piston dont on fait grand usage aujourd'hui.
Fig. 8. — Plan et coupe du piston Vancamp.
Fig. 9, 10 et 11. — Glissières des têtes de bielles.
Fig. 12, 12^1, 12^2. — Tête de piston pour bielle droite.
Fig. 13, 13^1, 13^2. — Tête de piston pour bielle à fourche.
Fig. 14. — Tête de piston Sharp-Roberts.

PLANCHE XLIII

MACHINES LOCOMOTIVES

Fig. 1. — Disposition d'une bielle à fourche. — Coûteuse et difficile à exécuter.
Fig. 2. — Petite tête de bielle avec anneau en bronze remplaçant le coussinet. — Peu coûteuse de fabrication.

Fig. 3. — Autre tête fort usitée dans la bielle à fourche à clavettes. — Disposition vicieuse et sujette à la rupture.

Fig. 3¹. — Tête de bielle dite à chape mobile, avec clavette et contre-clavette.

Fig. 4. — Autre disposition de bielle droite, presque généralement employée.

Fig. 5. — Figures servant à la démonstration de l'excentrique.

Fig. 6. — Tête de bielle avec coin et vis de rappel pour remplacer les clavettes et serrer les coussinets.

Fig. 6¹. — Autre grosse tête de bielle employée dans les machines à cylindres extérieurs, avec coussinets en bronze serrés au moyen de clavettes.

Fig. 7. — Disposition de bielle d'accouplement.

Fig. 8. — Tête de bielle employée dans les machines Sharp-Roberts, à chape mobile montée à queue d'aronde avec boulon et clavette.

Fig. 8¹. — Tête de bielle à étrier avec serrage au moyen d'écrous.

Fig. 9. — Disposition d'un moyeu avec bouton de manivelle.

Fig. 10-13. — Disposition des bielles et colliers d'excentrique.

Fig. 11. — Figure servant à déterminer le rayon de l'excentrique.

Fig. 12. — Disposition d'un essieu coudé, employé dans les machines à cylindres intérieurs. — Coûteux et difficile à bien fabriquer.

Fig. 14. — Disposition d'une bielle d'excentrique à double fourchette d'embrayage. — Peu usitée.

Fig. 15. — Disposition d'un bouton de manivelle pour bielles motrices et d'accouplements.

Fig. 16. — Autre disposition d'une manivelle pour bielle motrice et excentrique.

PLANCHE XLIV

MACHINES LOCOMOTIVES

Fig. 1. — Disposition des anciennes bielles à fourche. — Système à peu près complètement abandonné aujourd'hui.

Fig. 2. — Disposition des bielles de la coulisse de Stephenson. — Dans cet appareil, c'est la coulisse qui se déplace, le coulisteau guidant la tige du tiroir est suspendu à une bielle articulée, et reste toujours à la même hauteur.

Fig. 3. — Figure servant à déterminer les relations qui existent entre l'avance angulaire et le recouvrement extérieur et intérieur. 1° Quand le tiroir est commandé directement par l'excentrique, le grand rayon doit toujours précéder la manivelle de l'angle de calage normal augmenté de l'angle d'avance ;

2° Quand le tiroir est commandé par l'intermédiaire d'un arbre de distribution, le grand rayon doit suivre la manivelle à une distance angulaire égale à l'angle de calage normal diminué de l'angle d'avance.

Fig. 4 et 5. — Épure servant à faire connaître par chaque position du piston l'ouverture correspondante du tiroir, soit à l'introduction, soit à l'échappement.

La courbe représente le mouvement d'un point quelconque du tiroir ; elle suffit à elle seule pour déterminer toutes les phases du travail de la vapeur.

La durée de l'admission de la détente de l'échappement et de la compression est indiquée par des lignes ponctuées.

Les indications tracées à l'extérieur correspondent à la face droite, celles de l'intérieur à la face gauche du piston.

Fig. 6. — Première position relative du piston et du tiroir, quand celui-ci n'a ni avance ni recouvrement. — Le piston est à l'extrémité de sa course quand le tiroir est au milieu de la sienne. Les lumières sont totalement couvertes. Il n'y a donc ni admission ni échappement.

Fig. 7. — Deuxième position : Le piston est au milieu de sa course quand le tiroir est à l'extrémité de la sienne.

Les lumières sont entièrement découvertes. Il y a dans ce cas admission complète et échappement aussi.

Fig. 8. — Le piston a parcouru sa course complétement, et se trouve à l'extrémité opposée du cylindre, quand le tiroir, revenant sur lui-même, se retrouve au milieu de la sienne.

Comme dans la première position, il n'y a ni admission ni échappement.

Fig. 9. — Le piston est revenu au milieu de sa course quand le tiroir, continuant son mouvement, est revenu à l'extrémité de la sienne.

Ainsi que dans la deuxième position, admission et échappement complets.

Fig. 10. — Première position relative du piston et du tiroir, quand celui-ci a de l'avance sur la marche du piston sans qu'il y ait de recouvrement.

Le piston n'est pas arrivé à l'extrémité de sa course, il en a encore environ un quart à parcourir, quand déjà le tiroir est arrivé au milieu de la sienne. Les lumières sont entièrement fermées; il n'y a ni échappement ni admission. La vapeur agit par détente.

Fig. 11. — Deuxième position : Le piston est à l'extrémité de sa course; le tiroir alors commence à faire un petit mouvement et laisse pénétrer une quantité très-minime de vapeur qui commence à repousser le piston et fait échapper la vapeur contenue dans le cylindre.

Fig. 12. — Troisième position : Le piston est arrivé à la moitié de sa course, le tiroir a un instant marché dans le même sens que le piston. Les lumières se sont un peu plus découvertes. Il y a dans ce cas admission et échappement incomplets.

Fig. 13. — Quatrième position : Le piston, continuant sa marche, est arrivé à l'extrémité de sa course; le tiroir, revenant sur lui-même, a un peu découvert les lumières. Admission et échappement incomplets.

Fig. 14. — Première position relative du piston et du tiroir avec avance et recouvrement.

Le piston a parcouru environ les deux tiers de sa course quand le tiroir est arrivé à la moitié de la sienne.

Les lumières d'introduction et d'échappement sont dans ce cas complétement fermées; la vapeur agit par détente.

Fig. 15. — Le piston est arrivé à l'extrémité postérieure de sa course. Le tiroir commence à découvrir d'une très-petite quantité les lumières. L'admission et l'échappement sont incomplets.

Fig. 16. — Le piston est revenu à la moitié de sa course et marche dans le même sens que le tiroir, qui a découvert environ la moitié de ses lumières. — L'admission et l'échappement sont encore incomplets.

Fig. 17. — Le piston est arrivé à l'extrémité de sa course, la vapeur agit par détente. Le tiroir revient sur lui-même et commence à découvrir d'une très-faible quantité les lumières à l'introduction et à l'échappement.

PLANCHE XLV

MACHINES LOCOMOTIVES

Fig. 1 et 2. — En augmentant ou en diminuant la course du tiroir on fait varier la détente : soit ab la course parcourue par le tiroir, ac la demi-course.

Le tiroir est supposé marcher de gauche à droite.

L'admission commence quand le rebord extérieur du tiroir arrive sur le bord extérieur de la lumière; elle cesse quand le tiroir, marchant de droite à gauche, est revenu prendre cette même position.

Plus on réduit la course d'un tiroir donné, plus on restreint la durée de l'admission, c'est-à-dire plus on *détend*.

Fig. 3. — Disposition adoptée en Belgique par M. Cabry pour faire varier la détente. Le bouton m de la bielle d'excentrique, en s'abaissant ou en se relevant, fait tourner autour du point de rotation n le levier communiquant à l'aide de la tige t le mouvement au tiroir.

Fig. 4 et 5. — Figures servant à démontrer que c'est à tort qu'on a avancé que, dans les machines qui portent le mécanisme de détente variable Cabry, l'avance diminue nécessairement quand la détente augmente.

Fig. 6 et 7. — Dans la coulisse de Stephenson telle que la représentent ces figures, chacun des points intermédiaires entre les deux points extrêmes a un mouvement d'une amplitude d'autant moins grande qu'il est plus rapproché du point milieu de cette coulisse, appelé *point mort*. Si l'excentrique de marche en avant commande le haut de la coulisse, l'avance angulaire augmente la détente.

Si l'excentrique de marche en avant commande le bas de la coulisse, l'avance angulaire diminue quand on augmente la détente.

Fig. 8. — Disposition du système inventé par M. Meyer. — Dans cet appareil, le tiroir est prolongé et percé de deux lumières de même dimension que les lumières d'introduction. — La juxtaposition de ces ouvertures et de celles de la table des tiroirs permet l'introduction de la vapeur. — Au-dessus de la partie supérieure du tiroir sont placés deux masses en fonte emmanchées sur une tige filetée à filets inverses, afin d'en régler l'écartement. Ces blocs ont pour but d'intercepter l'admission ou l'échappement de la vapeur à un moment donné, et de faire agir la vapeur par détente pendant une période plus grande que dans le système Stephenson.

Fig. 9. — Dispositions adoptées dans le but d'empêcher que l'avance ne varie avec le degré de la détente.

Fig. 10. — Disposition de la boîte à vapeur de M. Gonzenbach. — Dans ce système la boîte à vapeur est divisée en deux parties, le tiroir est le même que dans les tiroirs ordinaires.

Dans une première chambre qui communique avec la seconde par deux lumières $l, l,$ s'introduit la vapeur qui doit parvenir dans les cylindres. Un tiroir t, d une forme particulière, percé de deux petites lumières, distribue la vapeur dans la seconde partie de la chambre de prise de vapeur. — Ce système est peu répandu.

Fig. 11. — Autre mode de coulisses employé par M. Delpech. Avec cet appareil, qui permet de ne pas détendre du tout, M. Delpech s'était proposé de remédier à la difficulté qu'on éprouvait à démarrer avec l'appareil primitif dans certaines positions de la machine.

PLANCHE XLVI

MACHINES LOCOMOTIVES

Fig. 1. — Collier d'excentrique à gorge dans laquelle est engagé l'excentrique.
Fig. 2. — Disposition des excentriques en fonte. — Ces excentriques sont composés de deux pièces fondues et reliées par des prisonniers ou boulons intérieurs clavetés.
Fig. 3. — Levier de changement de marche. — Modèle Crampton généralement adopté aujourd'hui.
Fig. 4. — Disposition d'une pompe alimentaire mue par les excentriques.
Fig. 5. — Autre modèle de changement de marche moins usité que le précédent.
Fig. 6. — Coupe d'une pompe alimentaire et de son plongeur mus directement par la tige du piston. Soupapes à chapelle avec boulet en bronze, plongeur en acier fixé sur la crosse du piston. Tuyaux en cuivre rouge.
Fig. 7. — Machine d'alimentation (petit cheval-vapeur) employée sur le chemin de Saint-Germain.
Fig. 7¹. — Plan des soupapes.
Fig. 7². — Coupe transversale.

PLANCHE XLVII

MACHINES LOCOMOTIVES

Fig. 1. — Plan et élévation d'un châssis simple pour une machine du Nord, à trois roues intermédiaires de la boîte à feu et de la boîte à fumée. Ce châssis est entretoisé au-dessus de chaque essieu, afin de maintenir exactement l'écartement.
Fig. 2. — Plan et élévation d'un châssis extérieur en bois garni de tôle des deux côtés, avec double châssis intérieur, afin de réunir les boîtes à feu et à fumée, et porter les pièces du mécanisme. — Entretoises en tôle ou en fer forgé, afin de maintenir l'écartement.
Fig. 3 et 4. — Supports en fer forgé ou en tôle, placés sous le corps cylindrique, rivés sur la chaudière et boulonnés sur les longerons entre les essieux.
Fig. 8. — Élévation et coupe du support du corps cylindrique des machines du Nord.
Fig. 5. — Barres d'attelage de la machine et du tender.
Fig. 9. — Autre mode d'attelage du tender et de la machine.
Fig. 6. — Élévation et coupe d'une roue motrice en fer à T avec essieu coudé.
Fig. 7. — Élévation et coupe d'une roue motrice avec moyeu en fer forgé du chemin de fer de Lyon.
Fig. 10. — Élévation d'une roue motrice à moyeu en fer forgé d'une machine Crampton.
Fig. 11. — Élévation d'une roue motrice à moyeu de fonte fretté du chemin d'Orléans.
Fig. 12. — Élévation d'une roue motrice à moyeu de fonte du chemin de Saint-Germain.

PLANCHE XLVIII

MACHINES LOCOMOTIVES

Fig. 1. — Élévation transversale, élévation longitudinale et coupe d'une boîte à graisse extérieure d'essieu moteur.
Fig. 2, 5 et 6. — Disposition adoptée en Angleterre et en Belgique pour répartir uniformément le poids de la machine sur les roues.
Fig. 3. — Ressort de suspension des roues motrices des machines Sharp-Roberts.
Fig. 7. — Ressort de suspension en acier fondu monté sur châssis intérieur.
Fig. 9. — Autre mode de suspension avec écrous et ressorts à couteaux de balance.
Fig. 8. — Disposition d'un tuyau de raccordement de la machine avec la prise d'eau du tender.
Fig. 4 et 4¹. — Disposition d'un tender ordinaire.

PLANCHE XLIX

SYSTÈMES DIVERS ESSAYÉS ET ABANDONNÉS

SYSTÈME JOUFFROY

Fig. 1. — Élévation d'une machine locomotive construite par M. le marquis de Jouffroy.
Cette machine est composée d'une chaudière ordinaire, ou générateur, d'un appareil moteur ayant des cylindres qui agissent sur une grande roue motrice placée à l'avant de la machine, et d'un tender. La grande roue est garnie d'un cercle en bois debout roulant sur un rail en fer strié afin d'obtenir l'adhérence nécessaire à la locomotion. — Le dévers est maintenu au moyen de deux crochets glissant dans les rainures ménagées de chaque côté des rails de la voie. — La machine, le générateur et le tender sont réunis au moyen de charnières permettant le mouvement horizontal dans les courbes.
Fig. 1¹. — Élévation de la même machine, vue par devant.
Fig. 1². — Plan de la même machine avec son tender.
Fig. 2. — Élévation de deux wagons du même système.
Ces wagons sont composés de deux caisses supportées chacune par une seule paire de roues.
Ils sont alternativement unis deux à deux au moyen d'une charnière semblable à celle de la machine et d'un tendeur à ressort, dans le genre des tendeurs Lassalle.
Fig. 2¹. — Vue par bout d'un des wagons.
Fig. 2². — Section horizontale de deux wagons.
Fig. 3. — Coupe en travers du rail moteur et des rails de la voie.
Fig. 4. — Disposition d'ensemble de la voie du système Jouffroy.

PLANCHE L

SYSTÈME ATMOSPHÉRIQUE

Fig. 1. — Coupe en travers d'un tube et disposition du mode d'attache du piston avec le wagon remorqueur d'un chemin construit dans le système atmosphérique.
Fig. 2. — Coupe en long du tube propulseur et vue du wagon remorqueur.
Fig. 3 et 5. — Disposition des anciennes soupapes d'entrée et de sortie.
Fig. 4. — Disposition de la soupape longitudinale du tube propulseur.
Fig. 6 et 6¹. — Nouvelle disposition de soupapes employée par M. Flachat au chemin de Saint-Germain.
Fig. 7. — Disposition du piston du chemin de Saint-Germain.
Fig. 8. — Disposition d'ensemble d'un chemin construit dans le système atmosphérique.

PLANCHE LI

SYSTÈME ATMOSPHÉRIQUE

Fig. 1 et 7. — Coupe en travers d'un passage à niveau sur un chemin atmosphérique. Avec la disposition fig. 1, le tube propulseur et les rails sont au fond de deux rigoles qui peuvent occasionner des accidents aux piétons et aux chevaux qui traversent la voie. — La disposition représentée par la fig. 7 est préférable. Le tube propulseur est interrompu à l'endroit du passage à niveau et chaque extrémité est garnie d'une soupape. La communication entre les deux parties du tube a lieu souterrainement au moyen d'un petit branchement.
Fig. 2 et 4. — Disposition inventée par M. Chameroy, dans le but de se servir de l'air comprimé comme moyen de locomotion.
Dans ce système, un grand tube règne dans toute l'étendue de la voie, et de distance en distance on a établi des branchements introduisant l'air comprimé dans un tube placé sous le wagon remorqueur et le poussant en avant.
Fig. 3. — Système Hallette. — Coupe en long du piston moteur et du tube.
Fig. 5. — Coupe en travers du tube propulseur en fonte et disposition de la soupape longitudinale, formée de deux tubes en caoutchouc.
Fig. 6. — Élévation et coupe d'une des soupapes d'entrée ou de sortie du système Hallette.

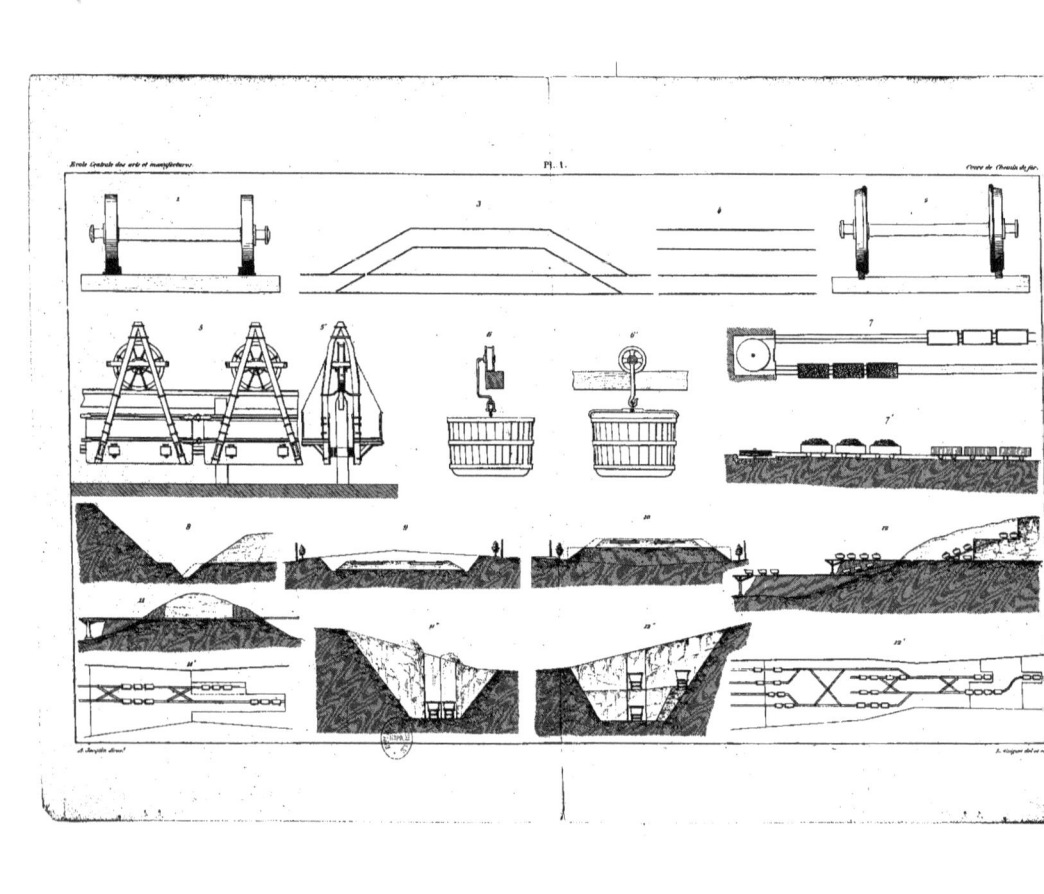

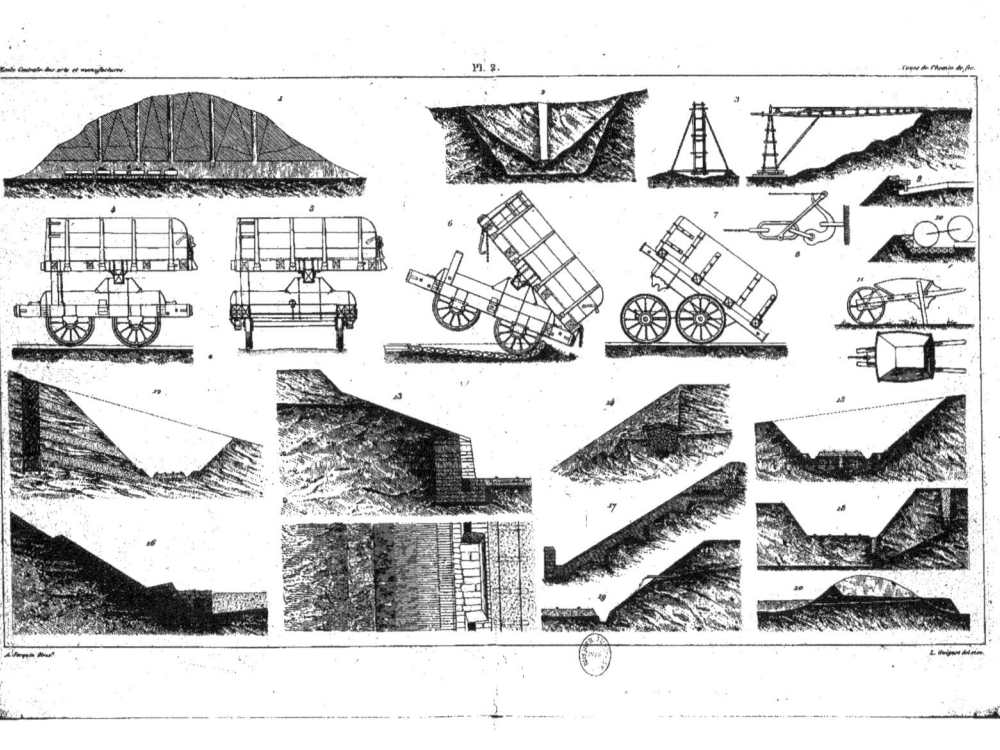

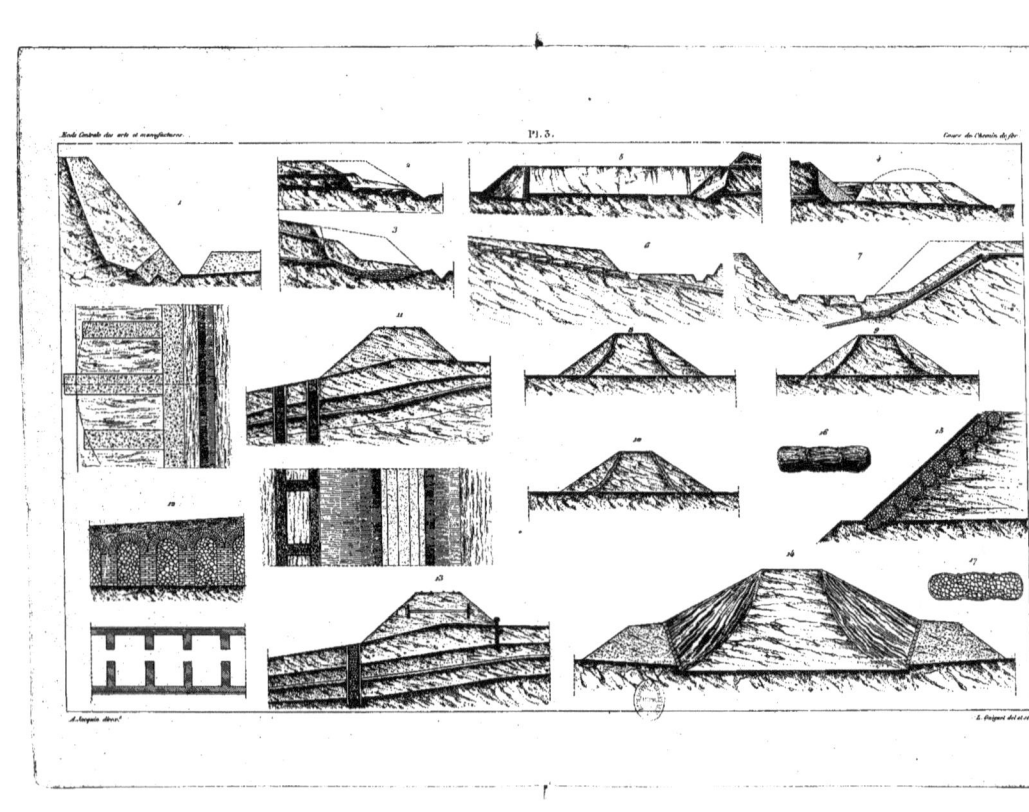

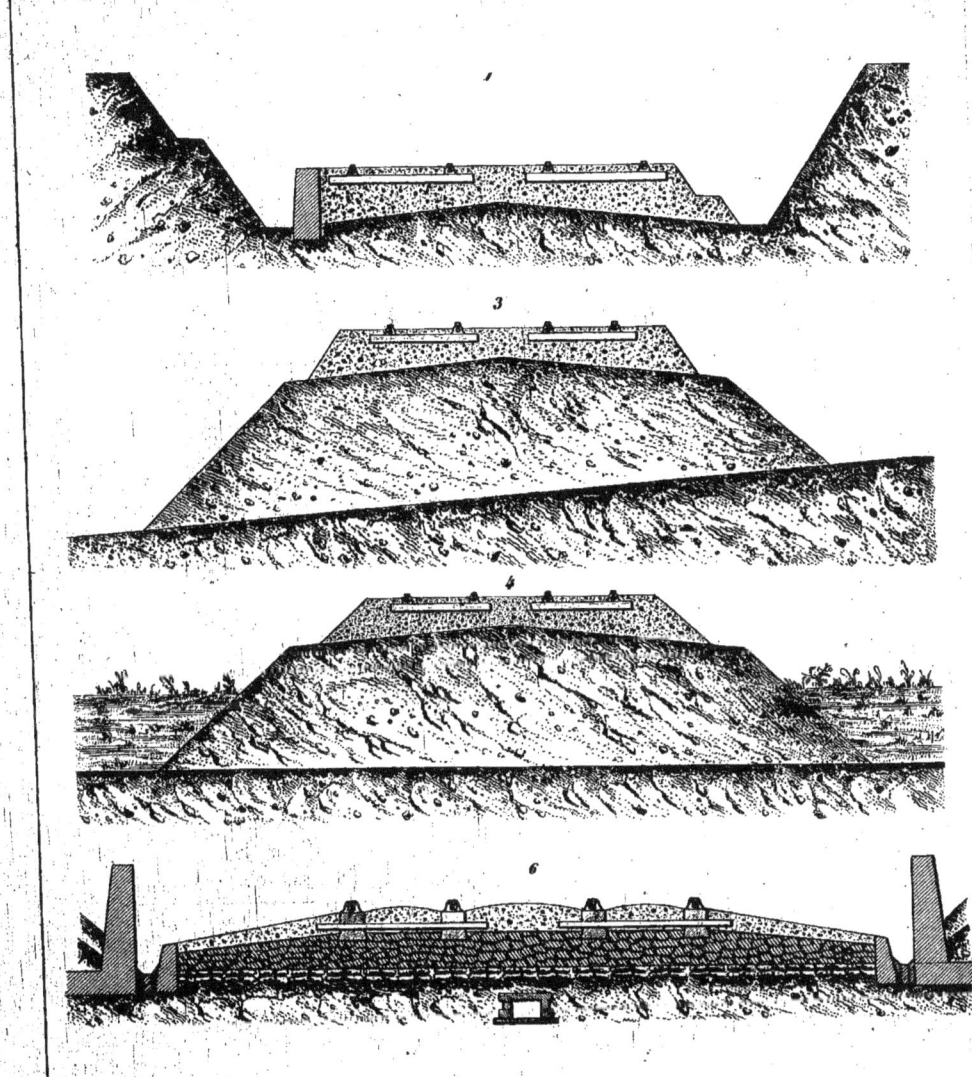

Pl. 4. Cours de Chemin de fer.

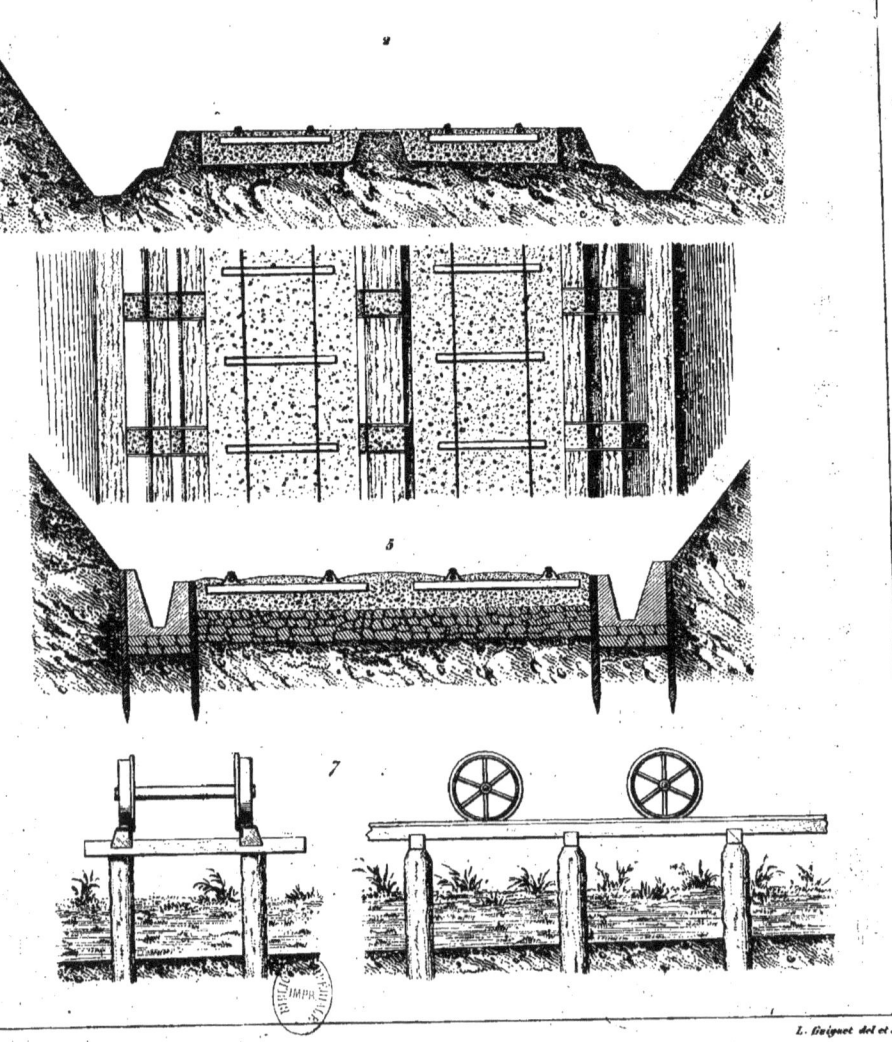

L. Guiguet del et sc.

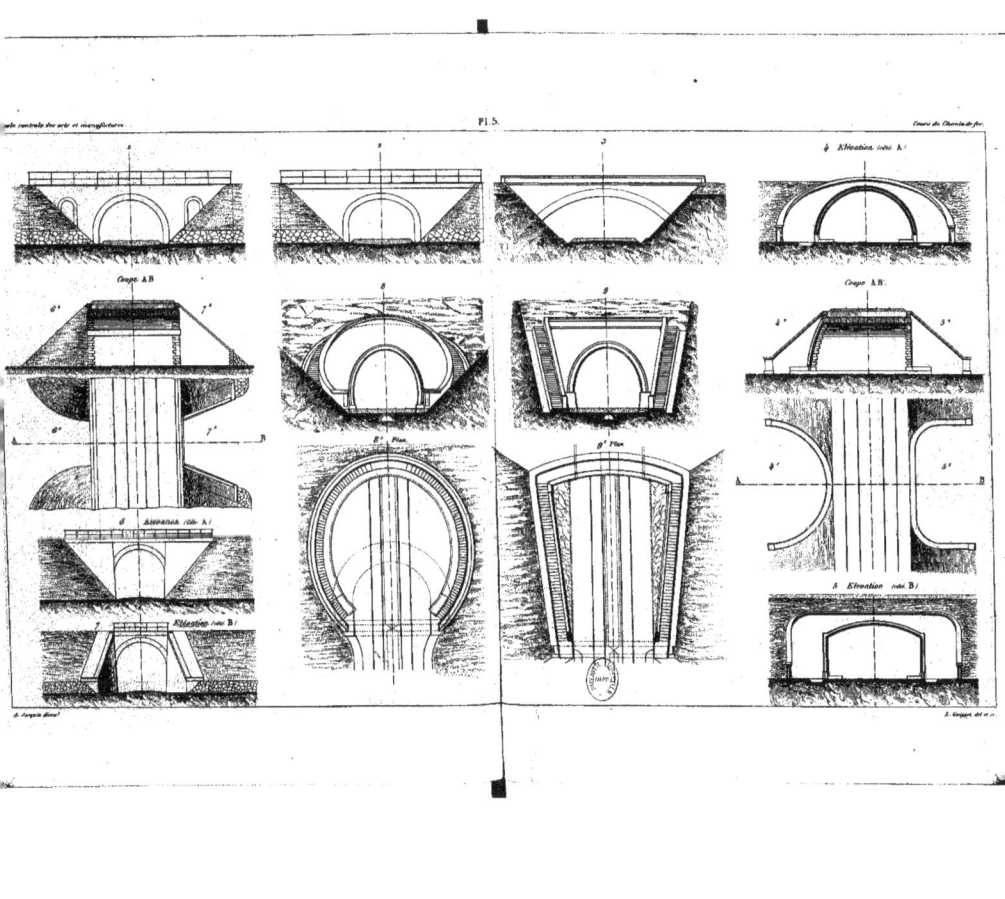

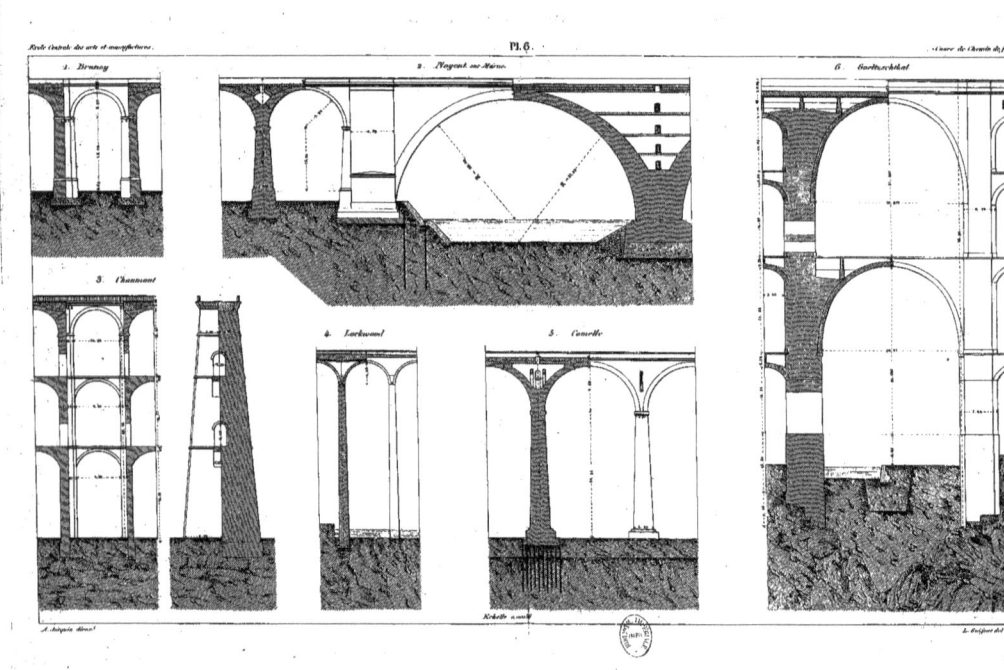

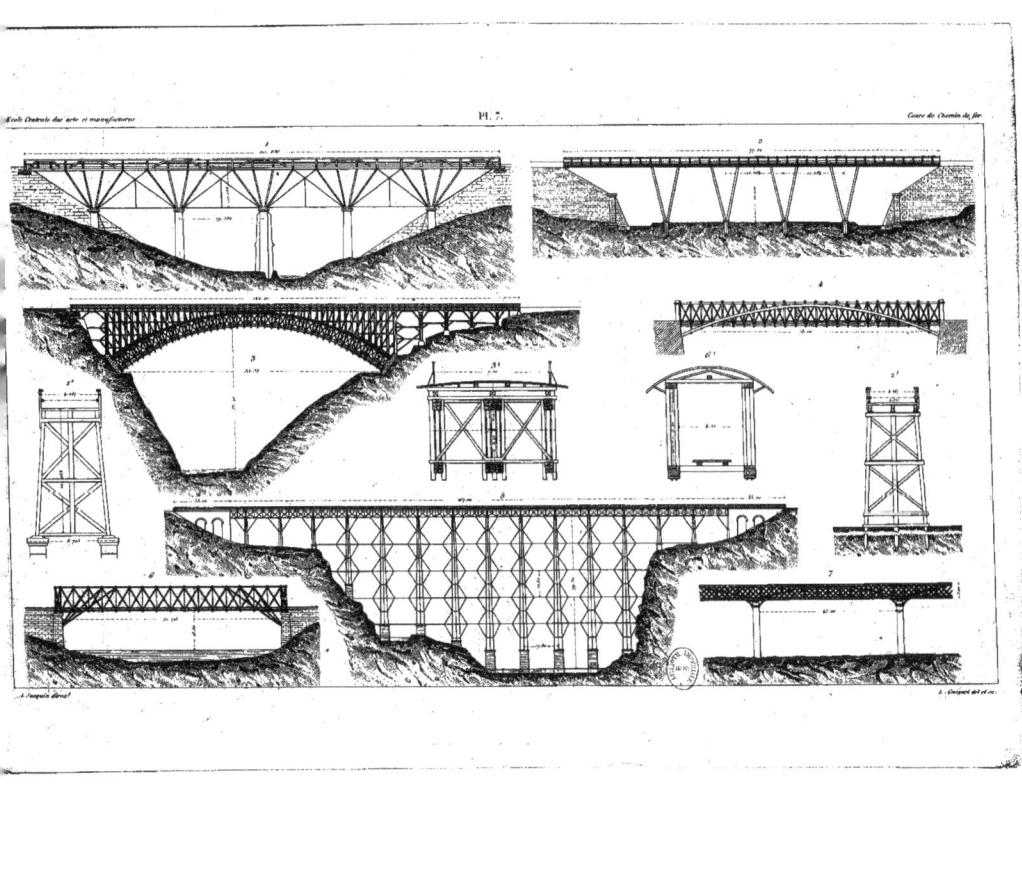

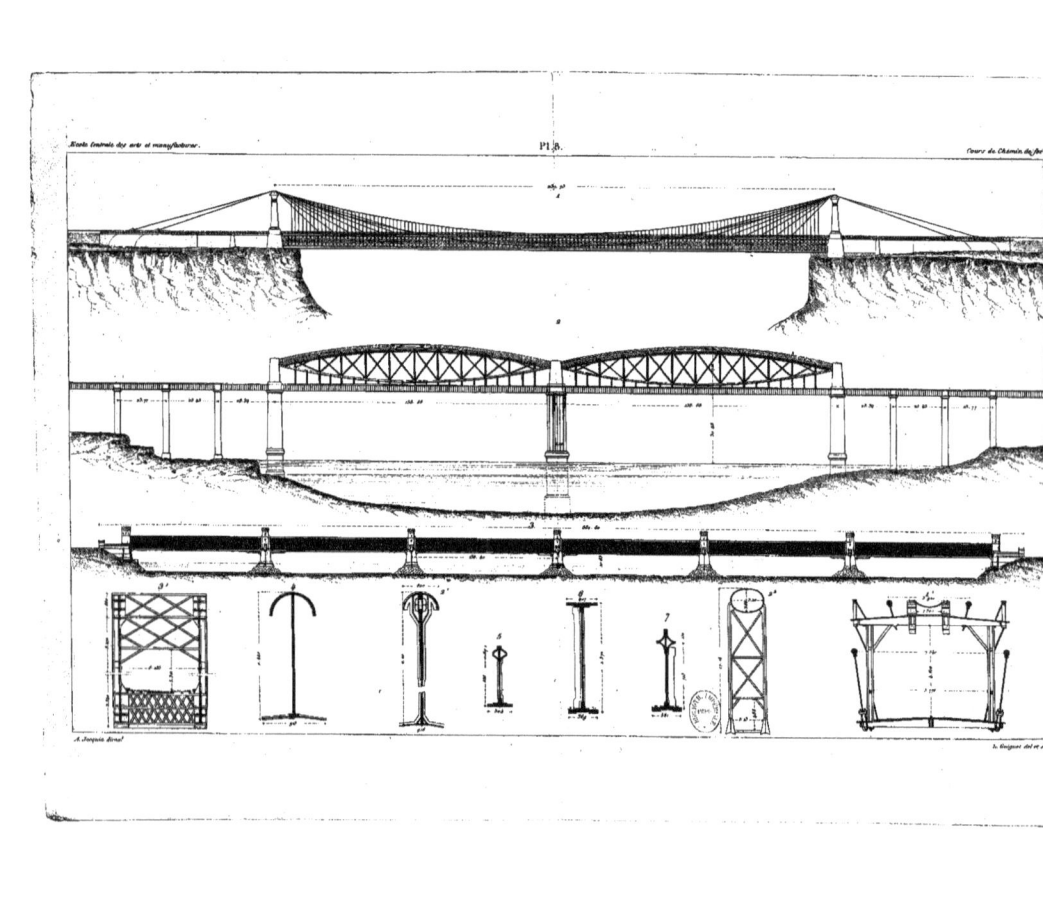

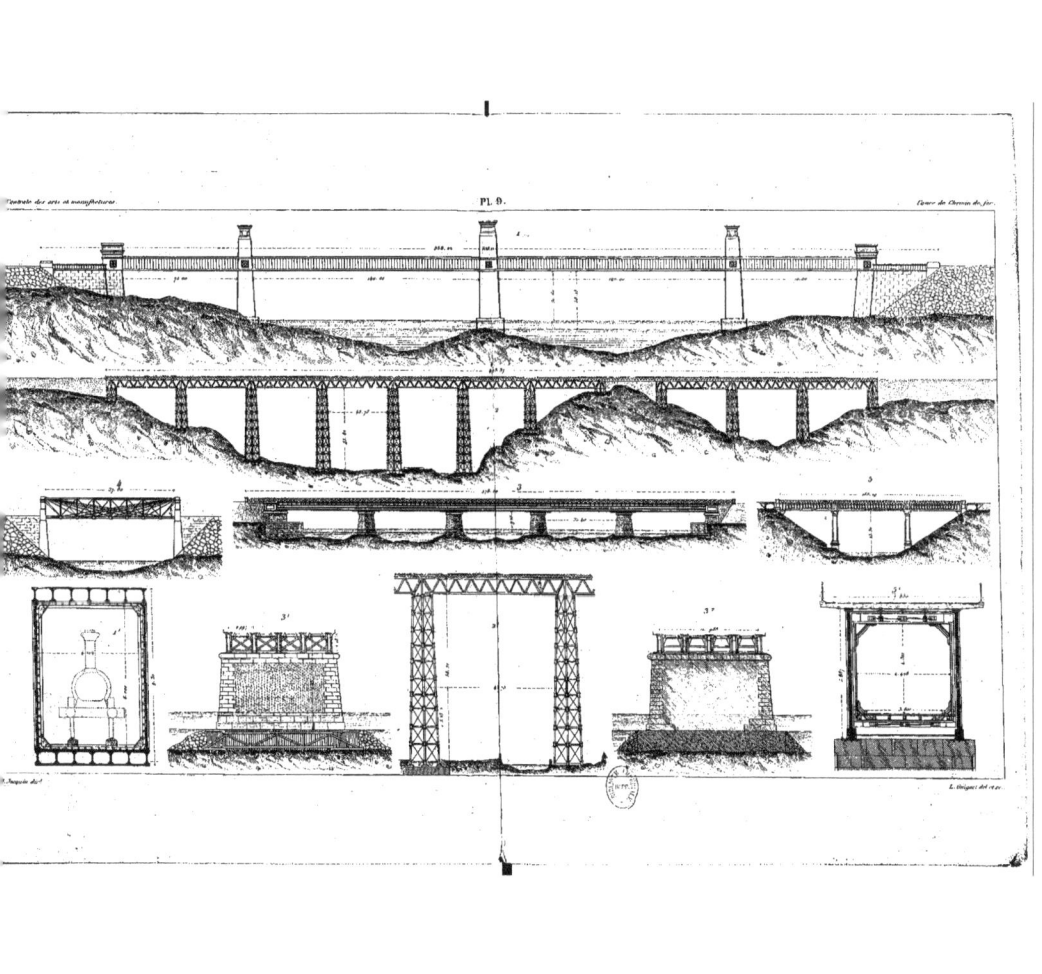

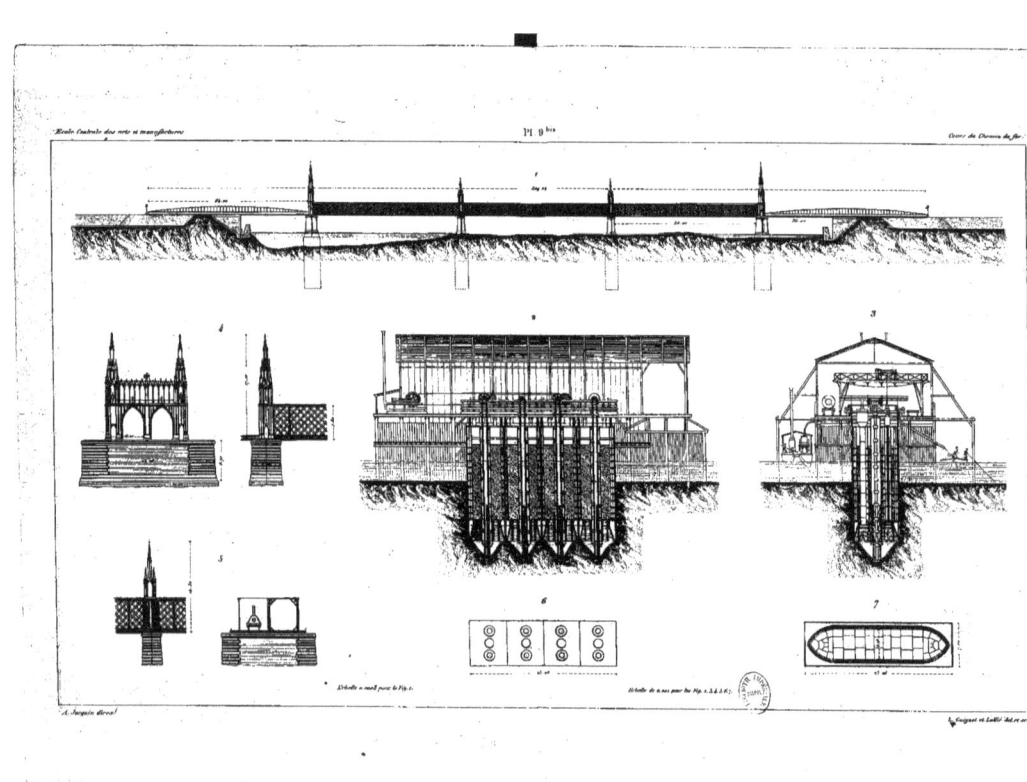

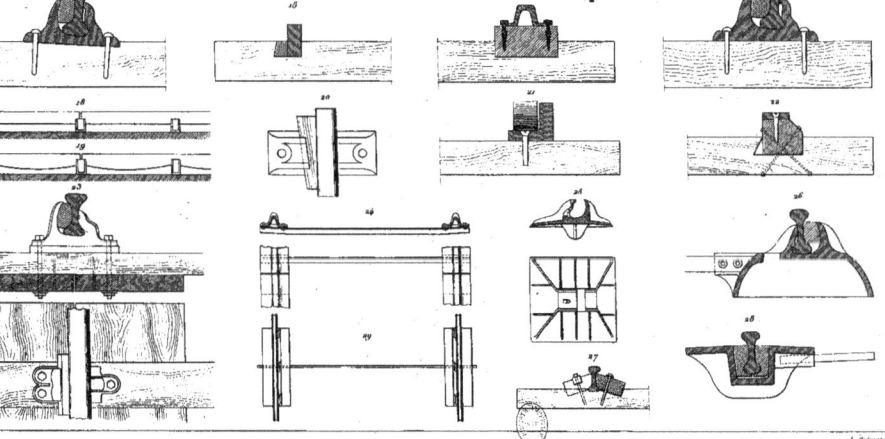

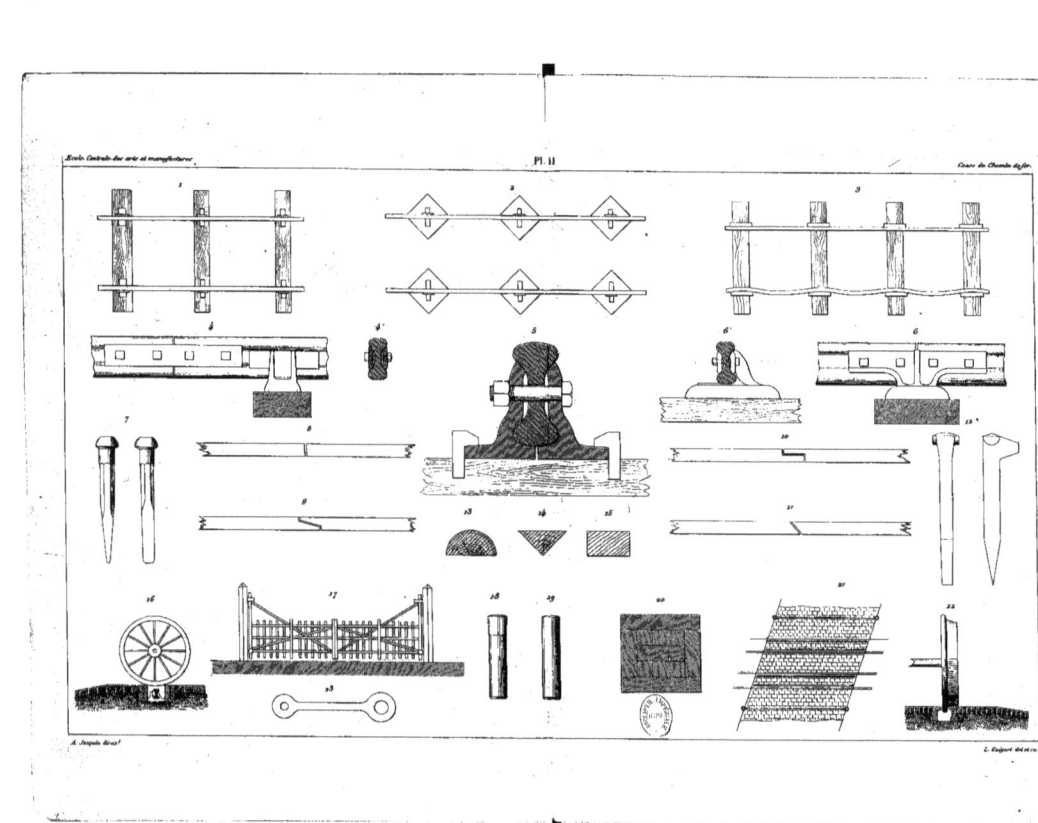

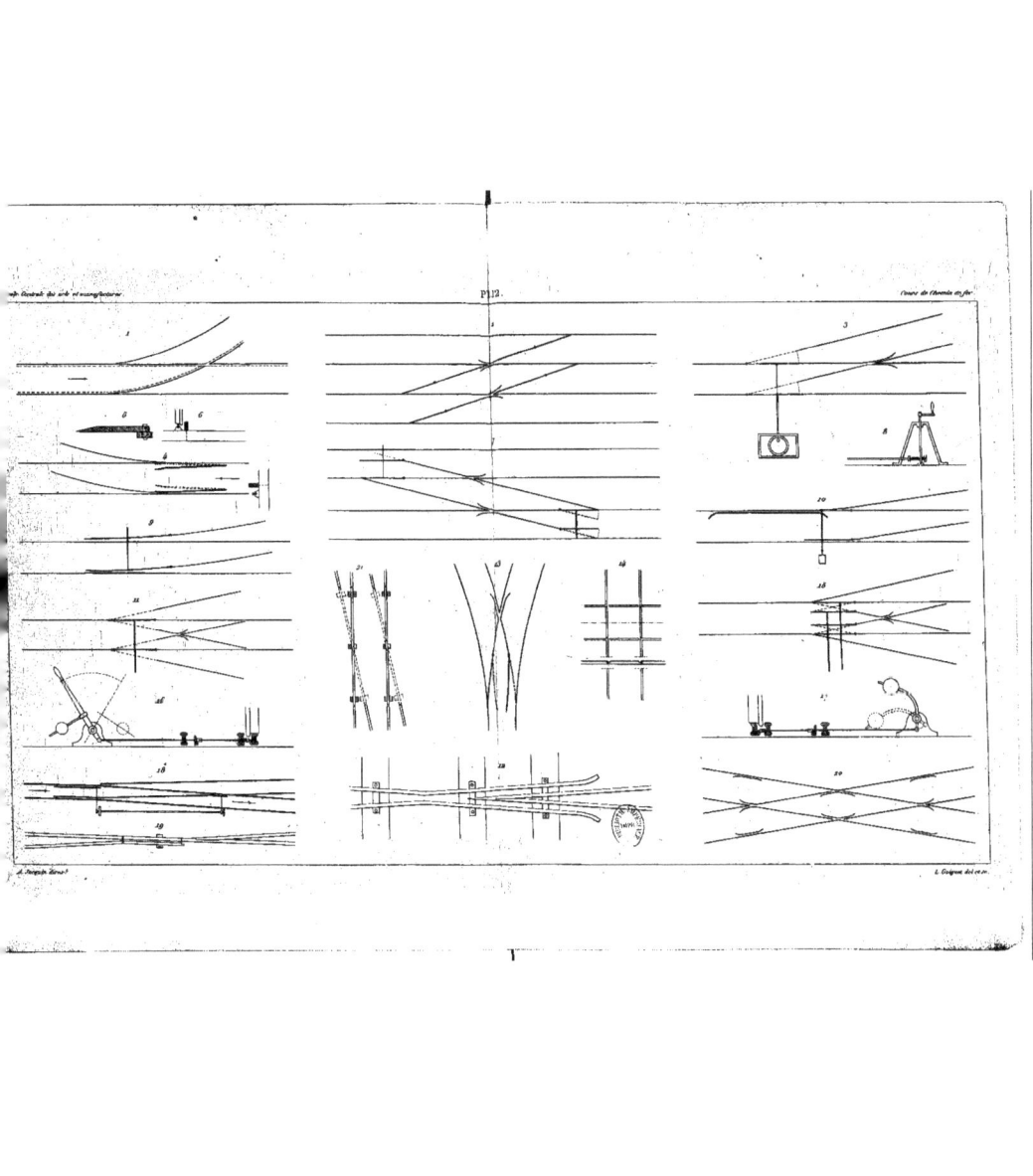

Ecole Centrale des arts et manufactures.

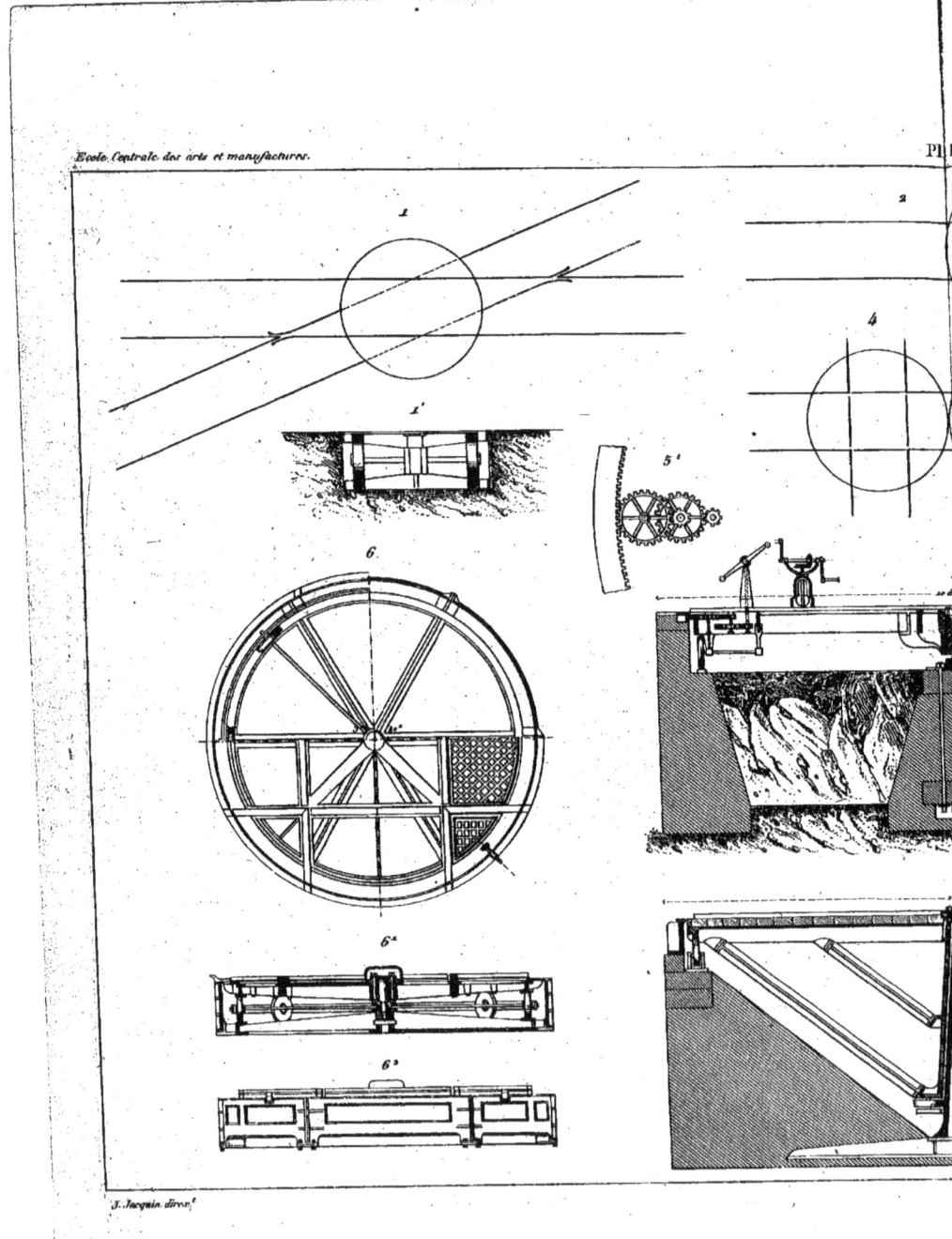

J. Jacquin dirext.

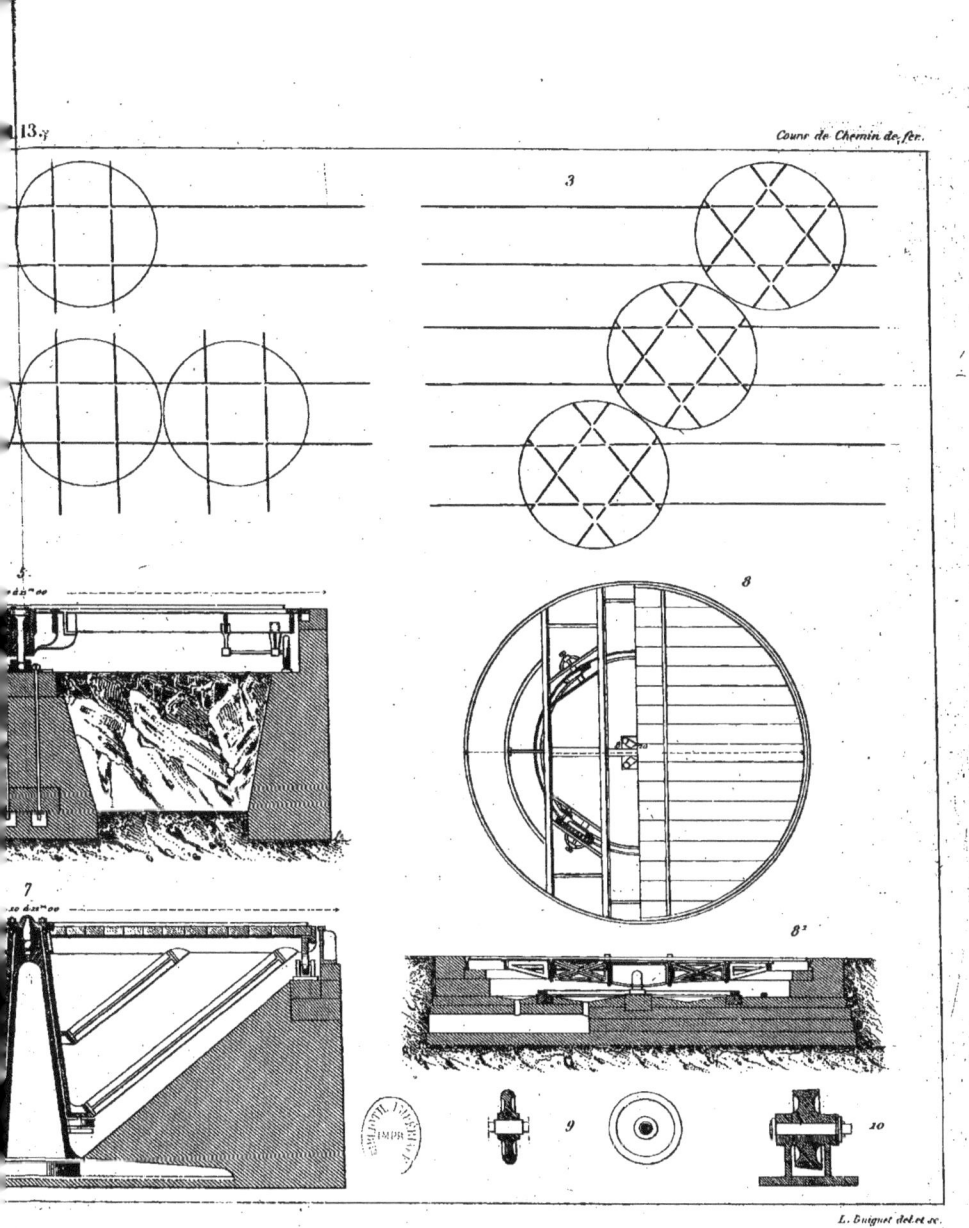

Cours de Chemin de fer.

L. Buiquet del. et sc.

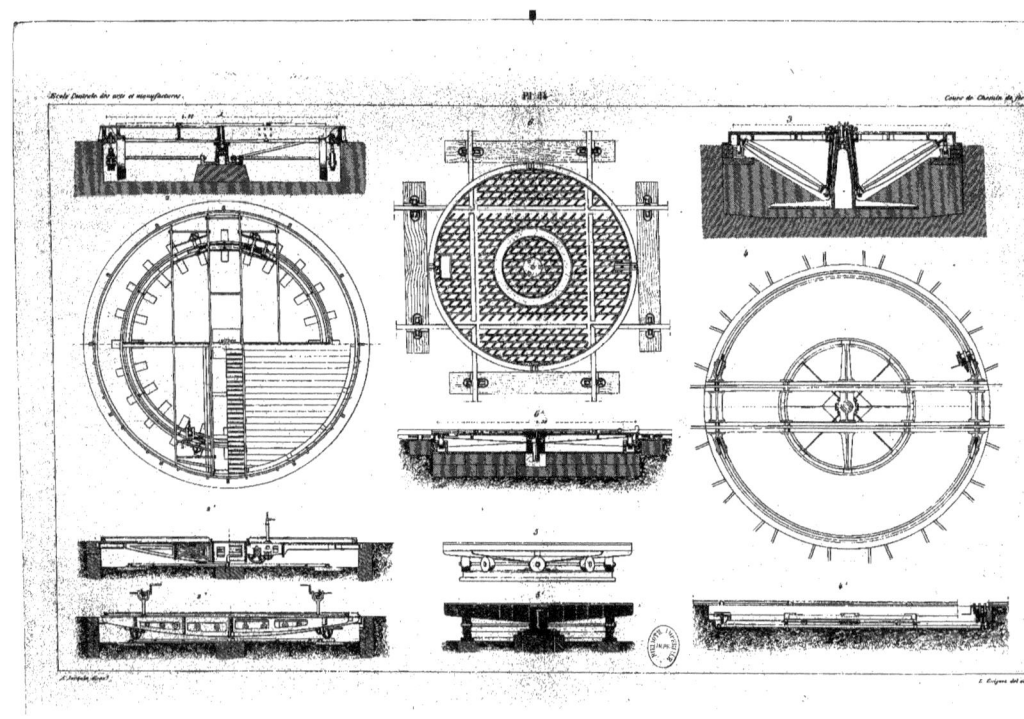

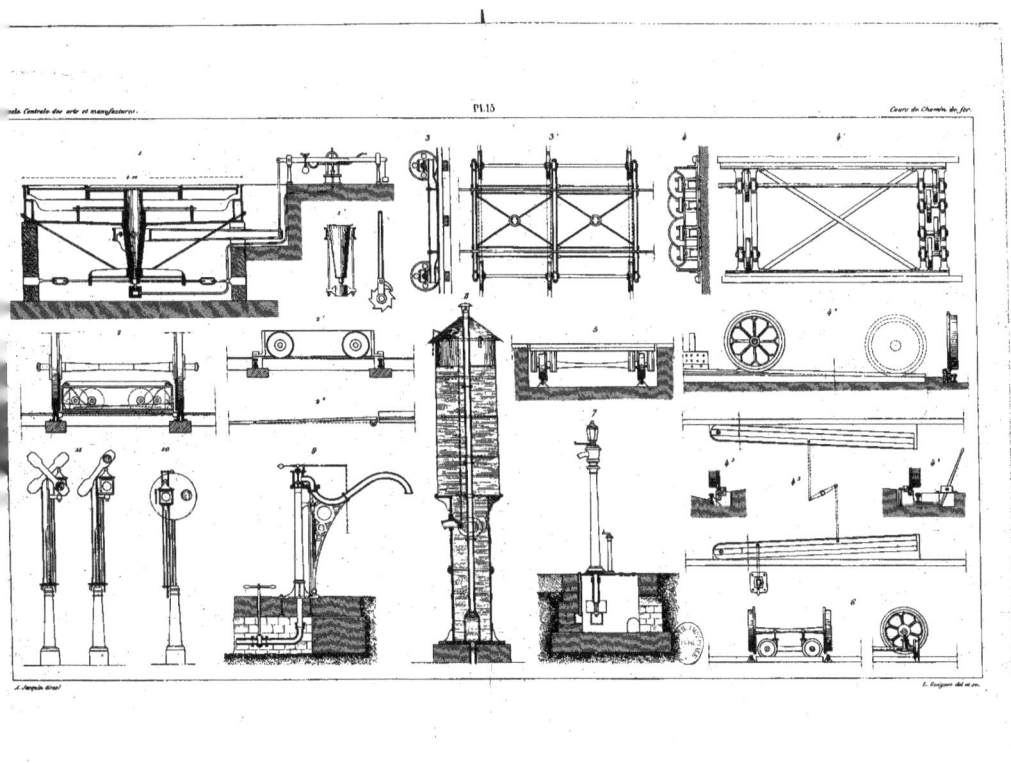

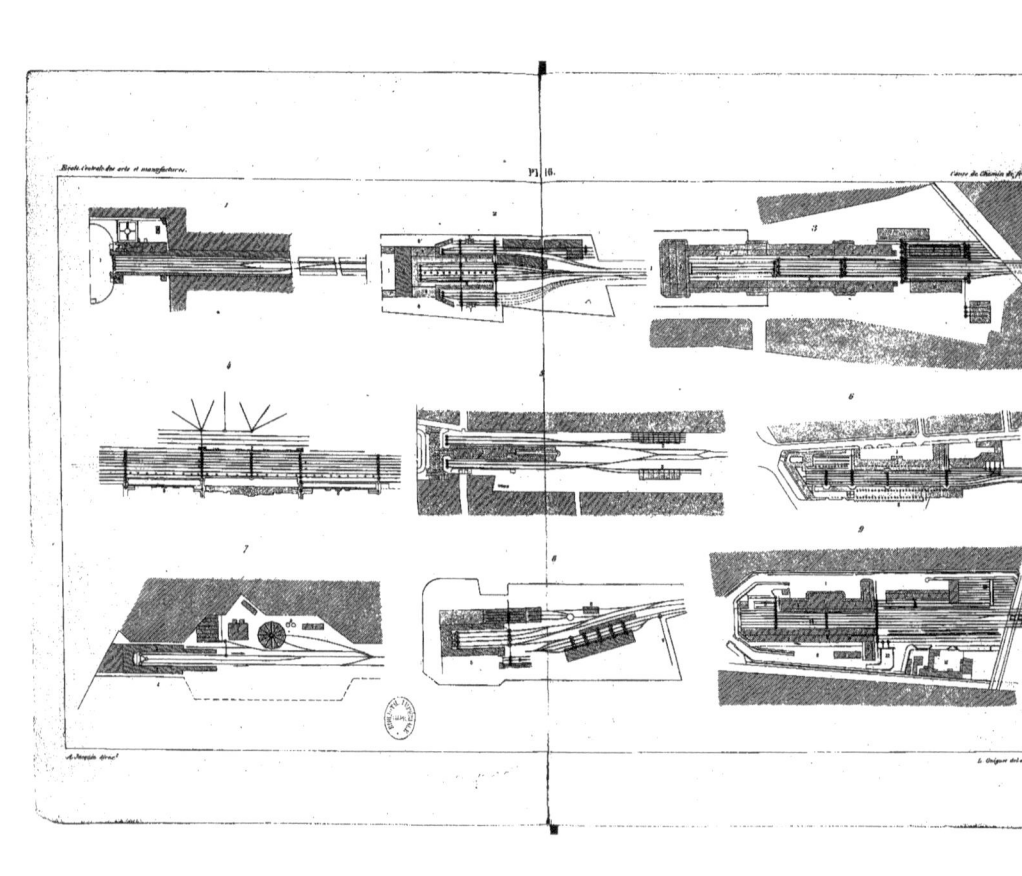

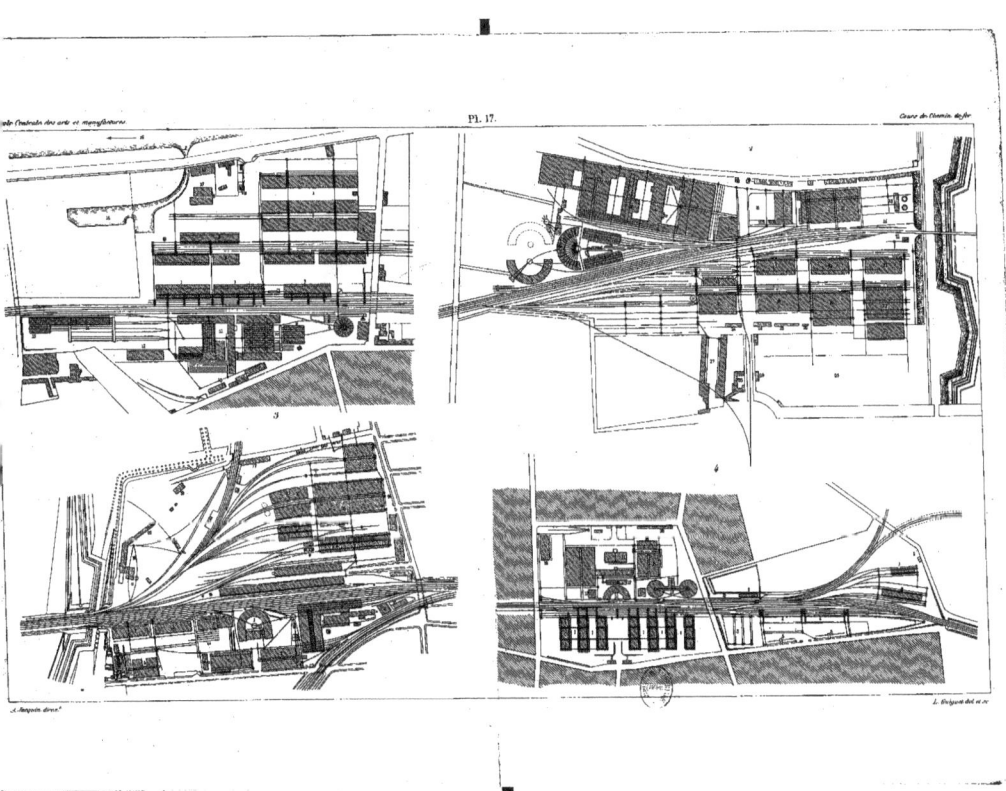

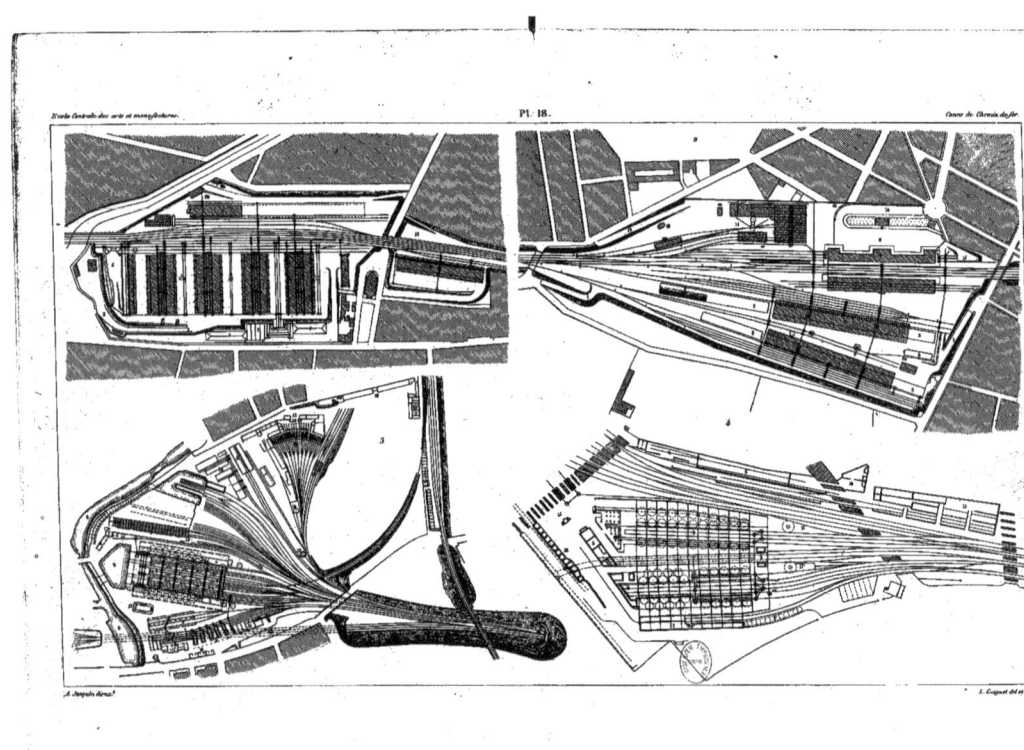

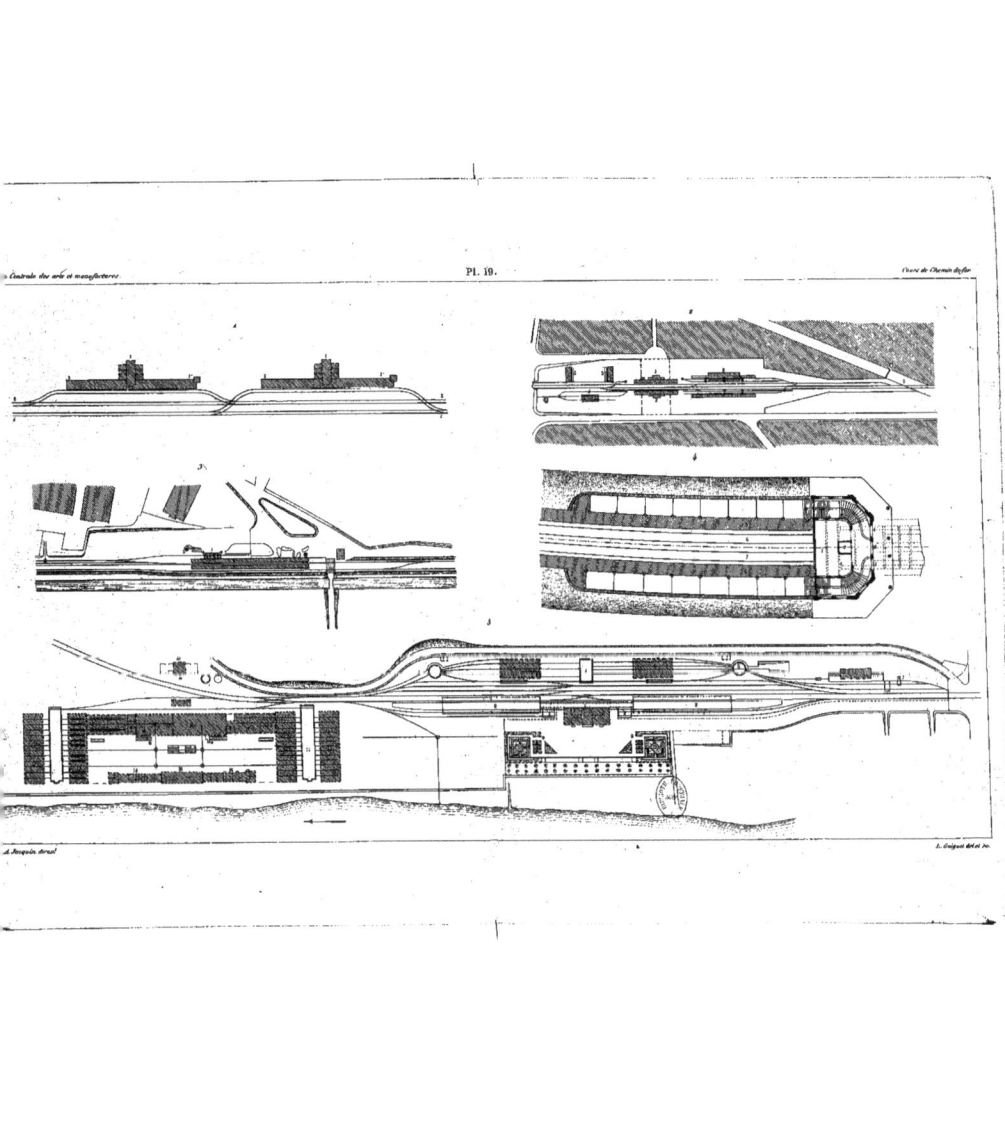

Pl. 19.

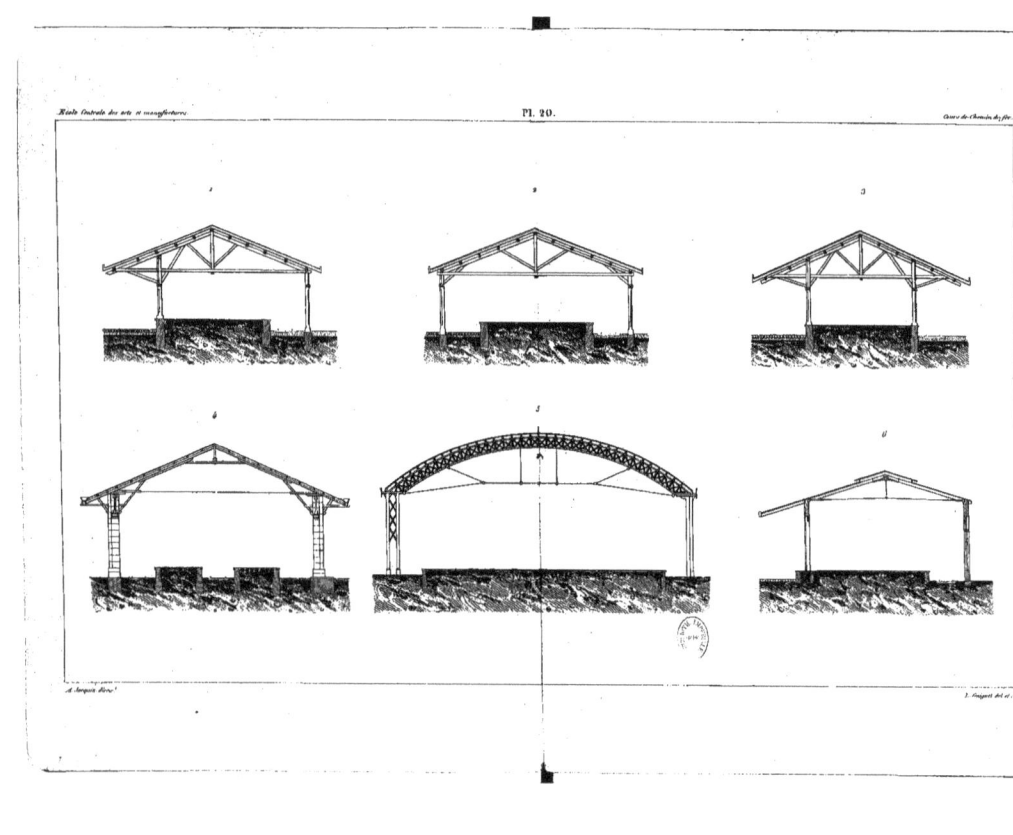

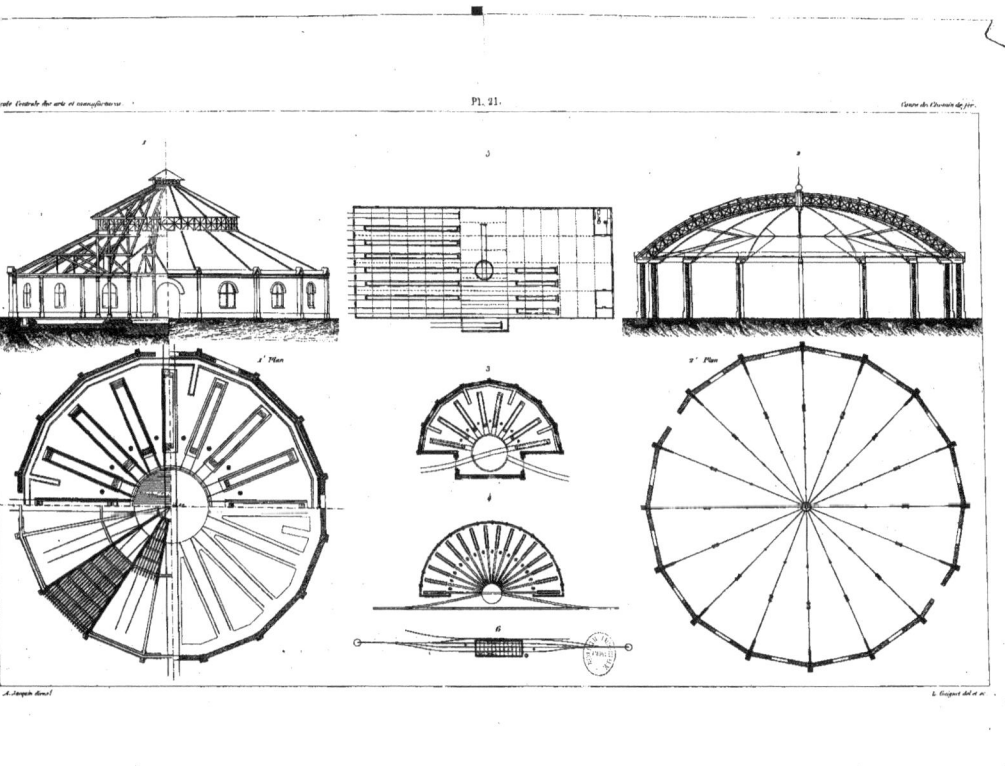

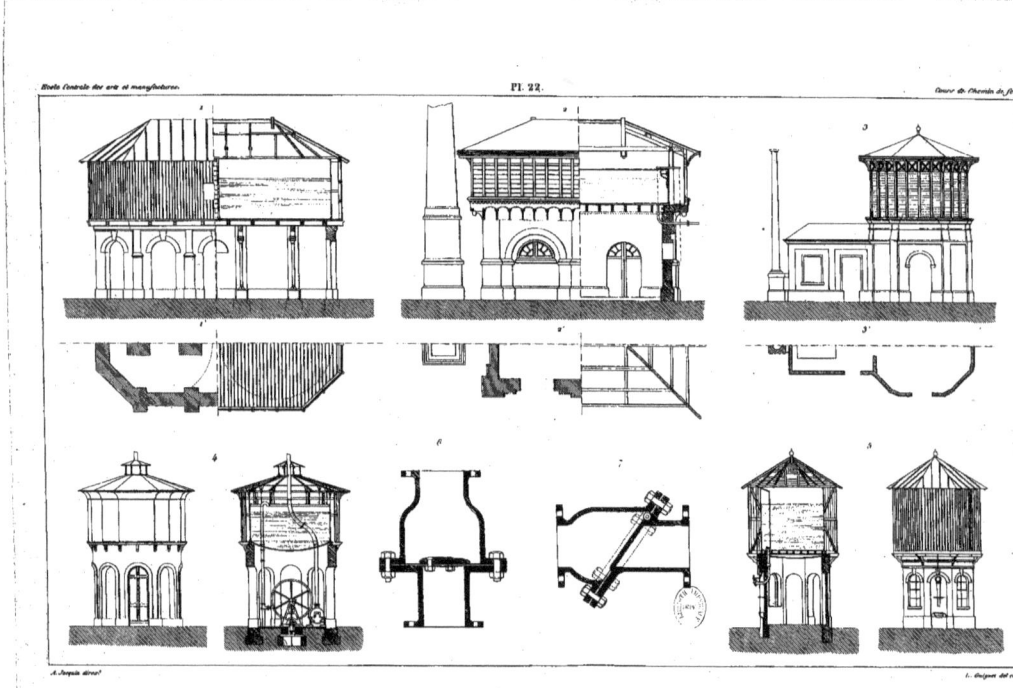

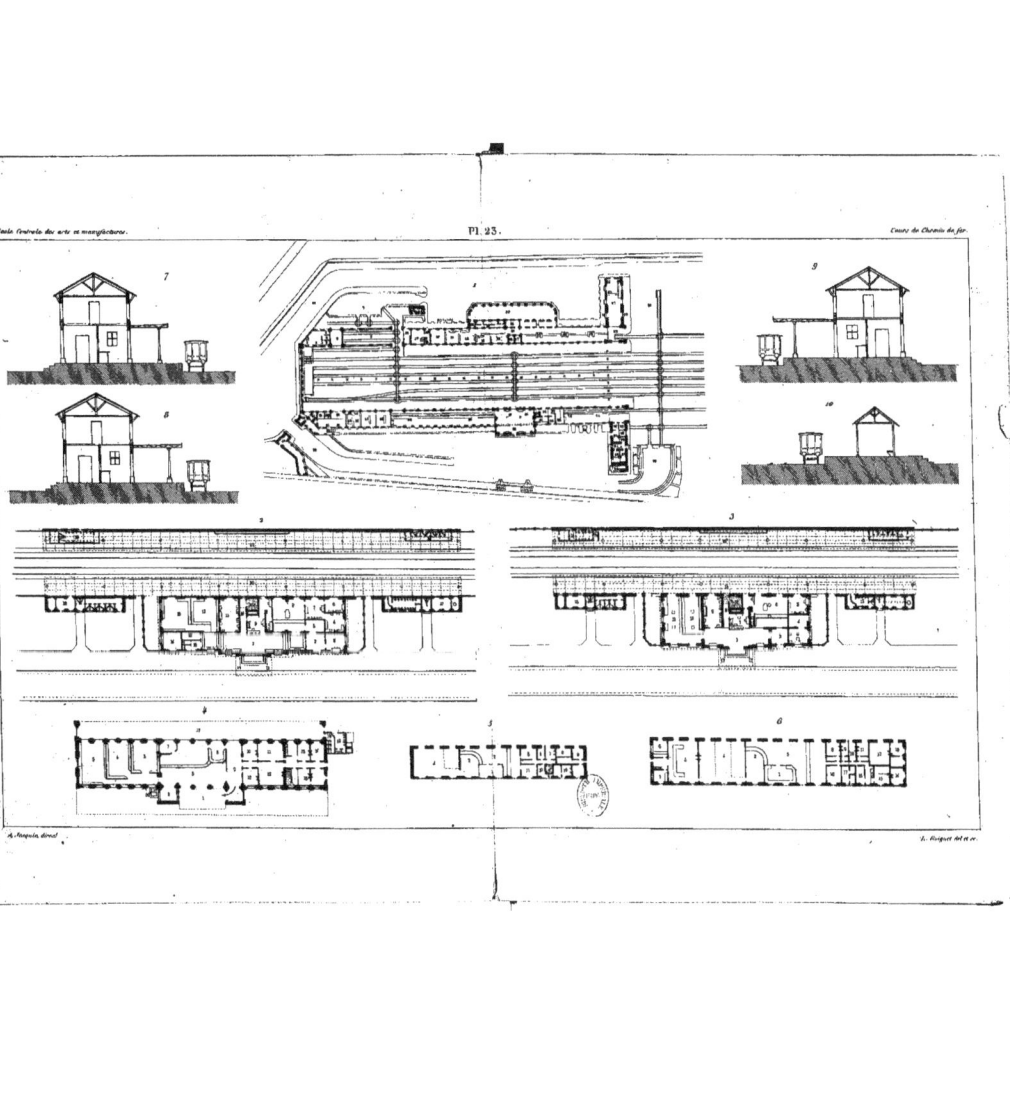

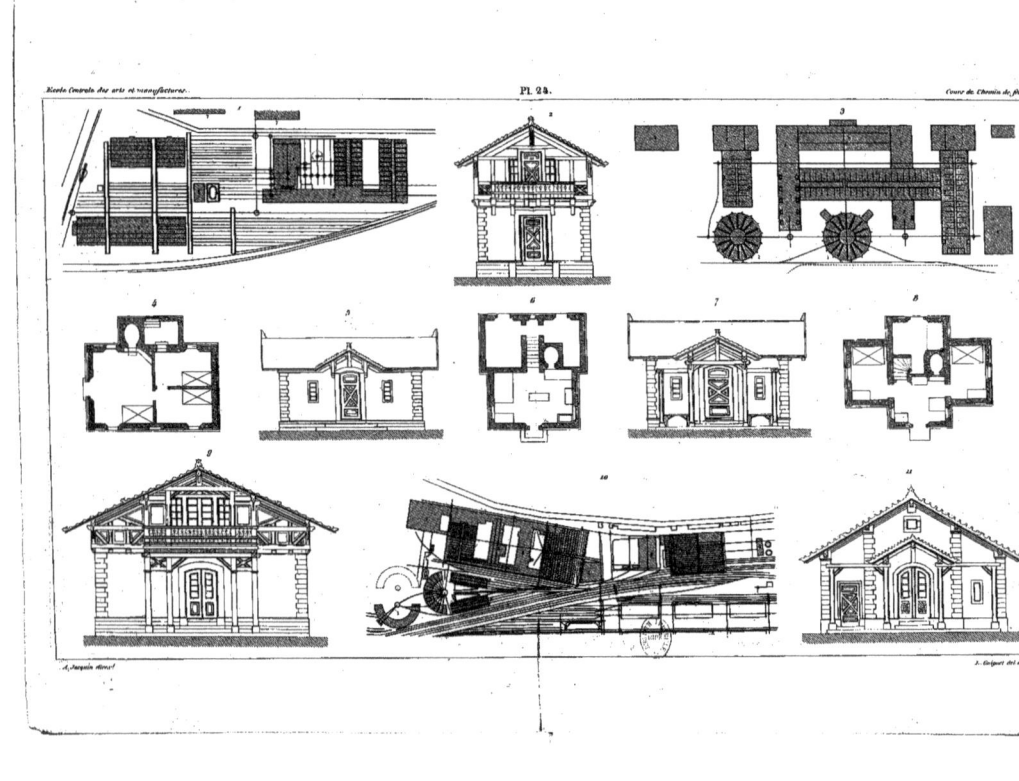

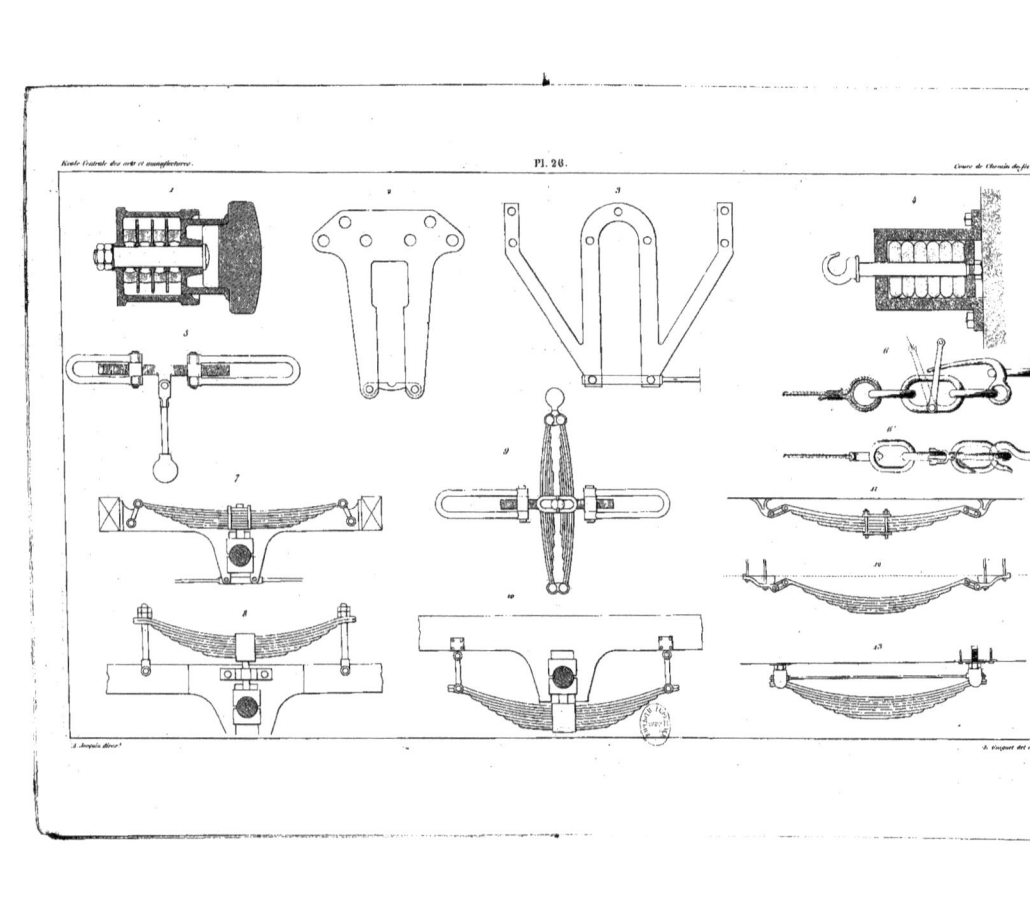

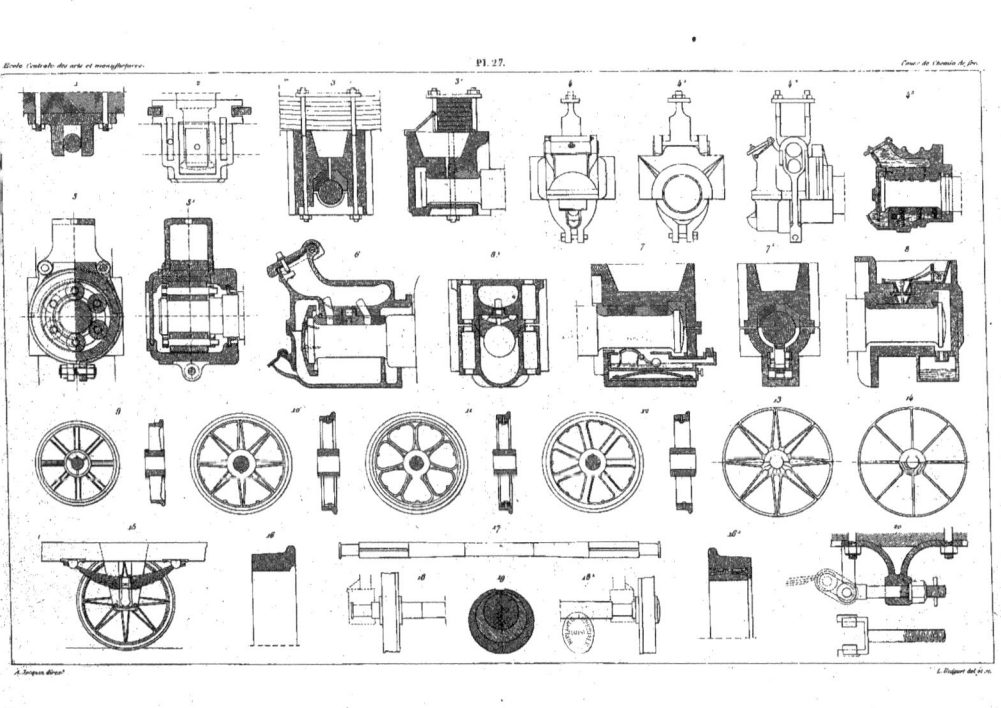

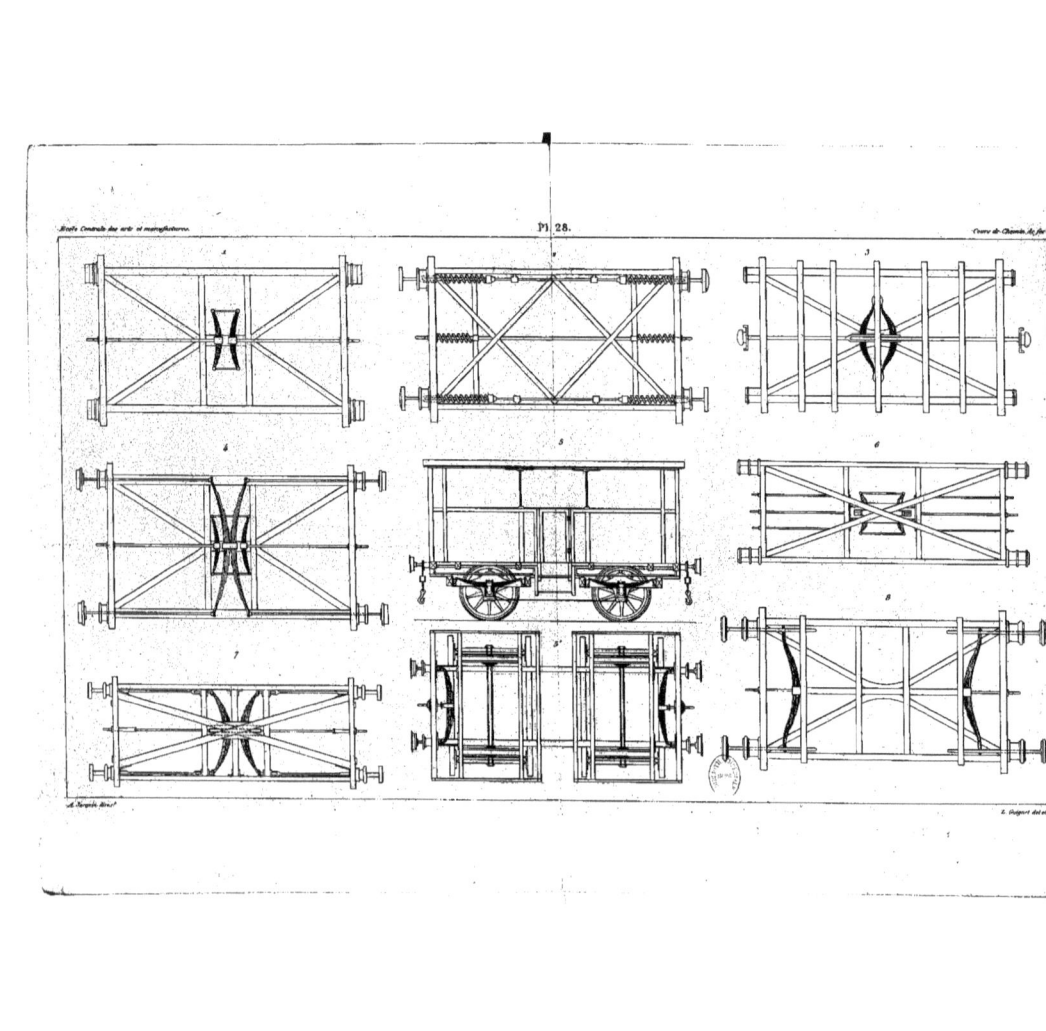

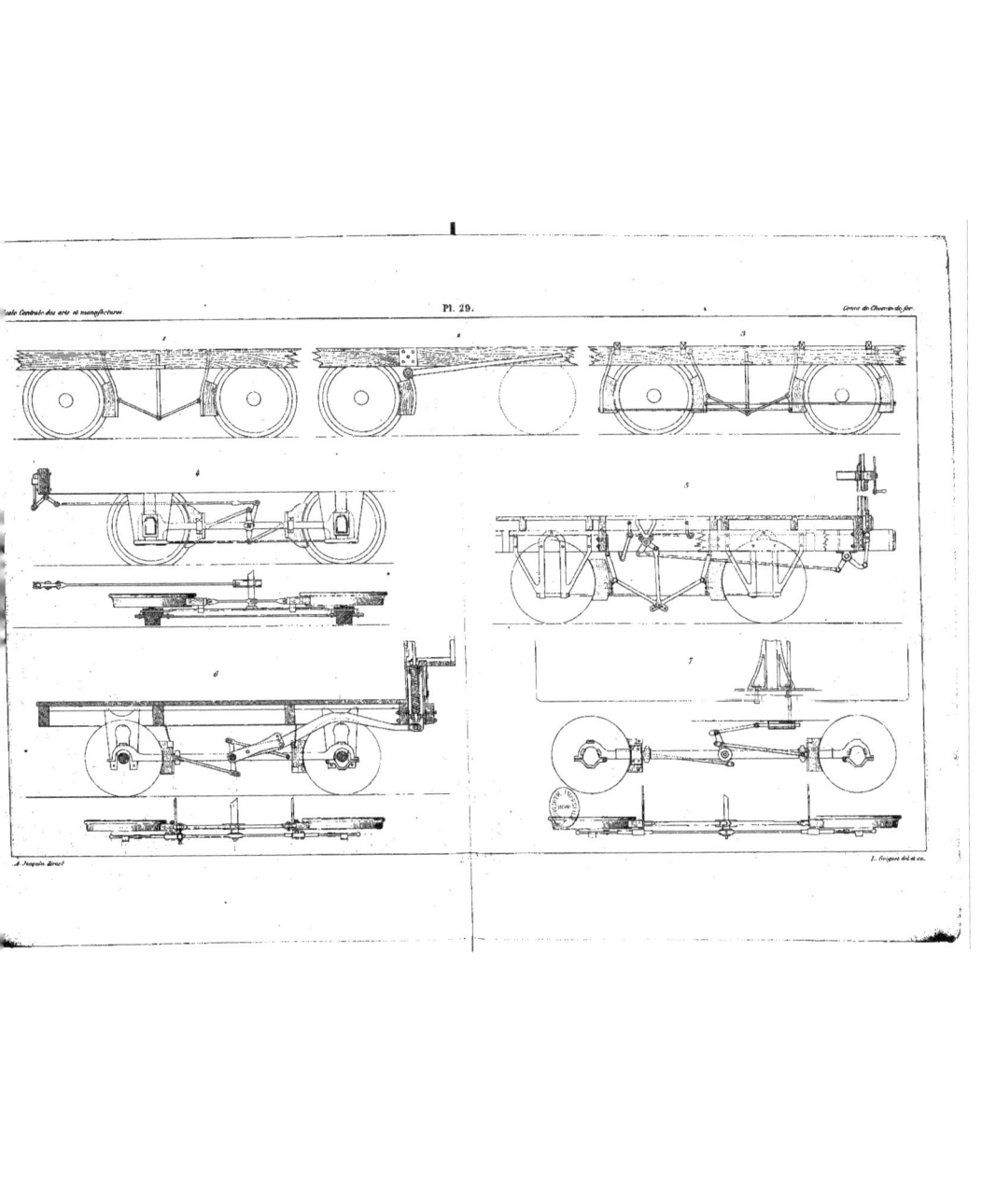

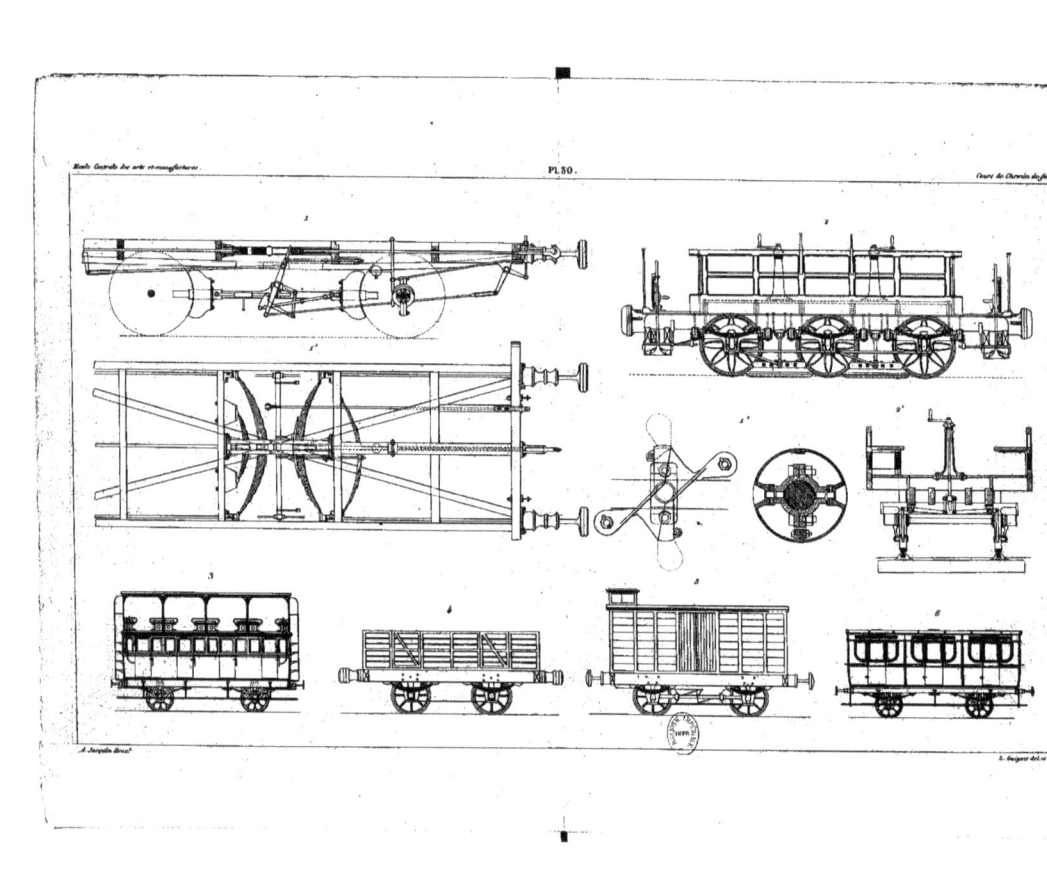

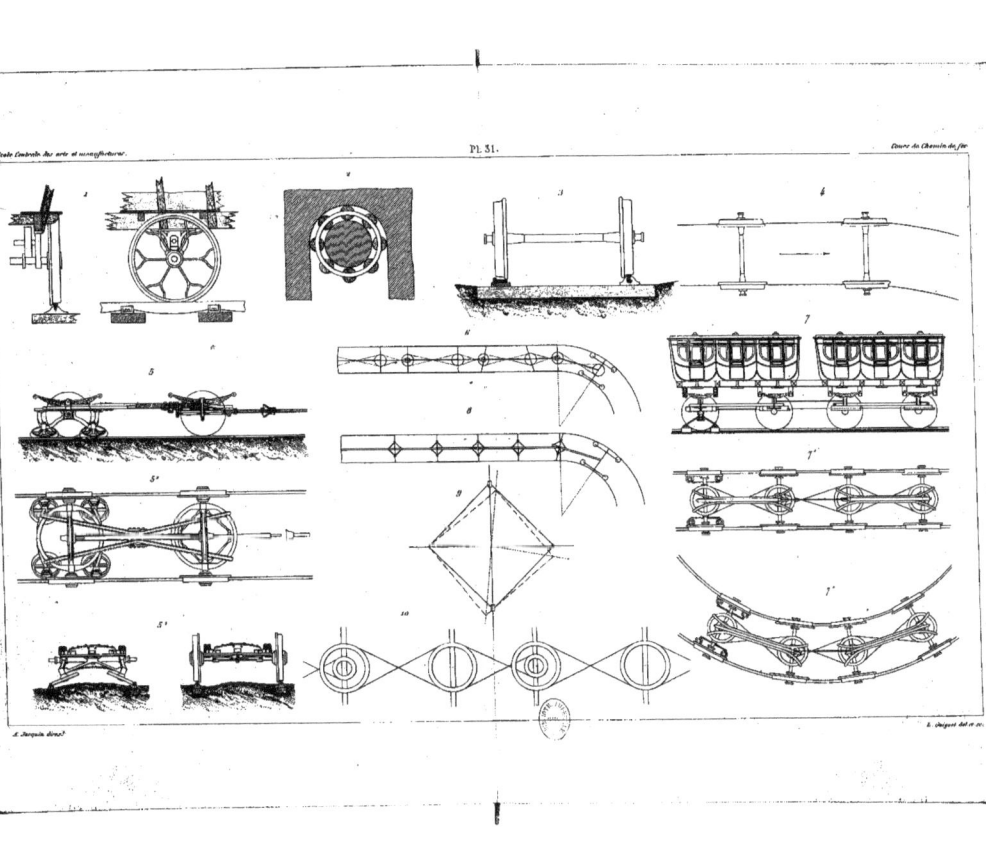

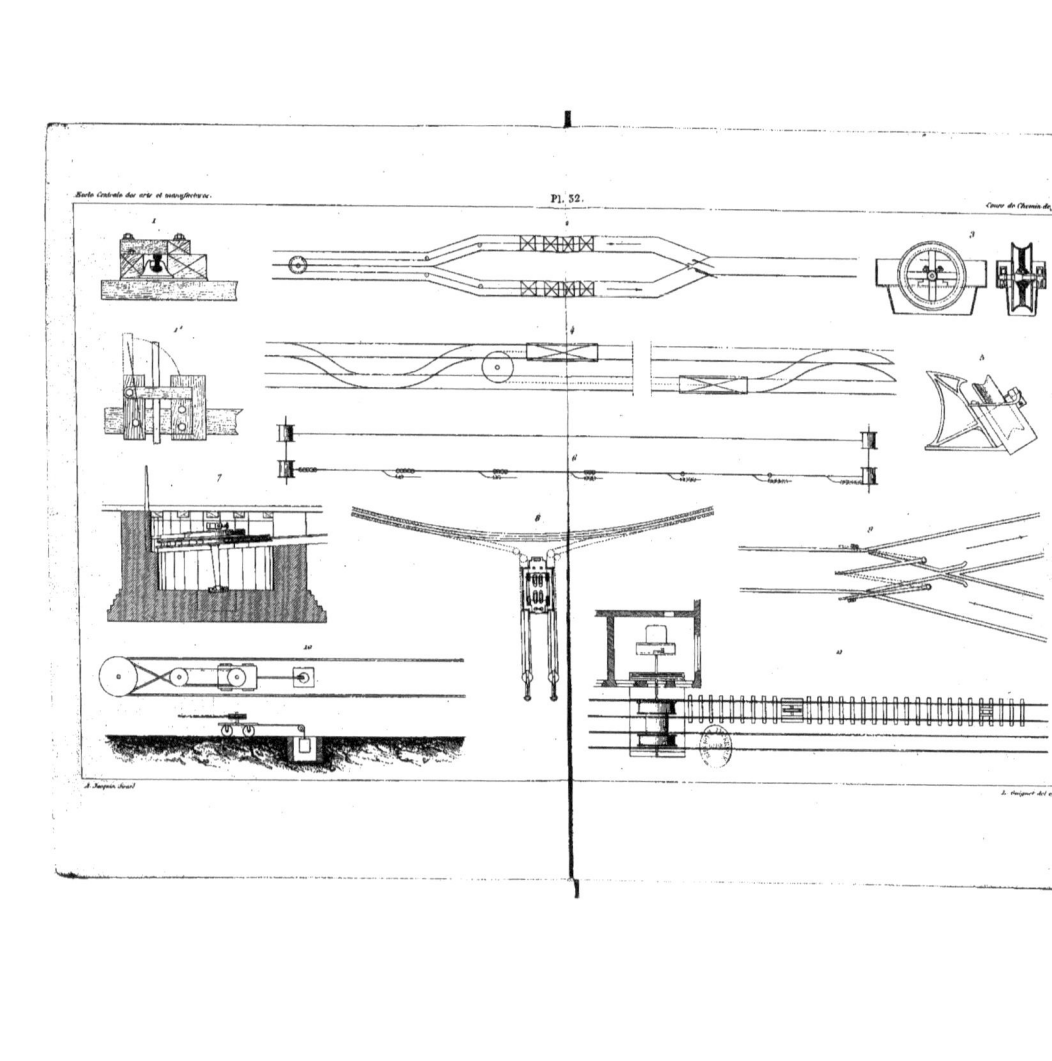

Pl. 52.

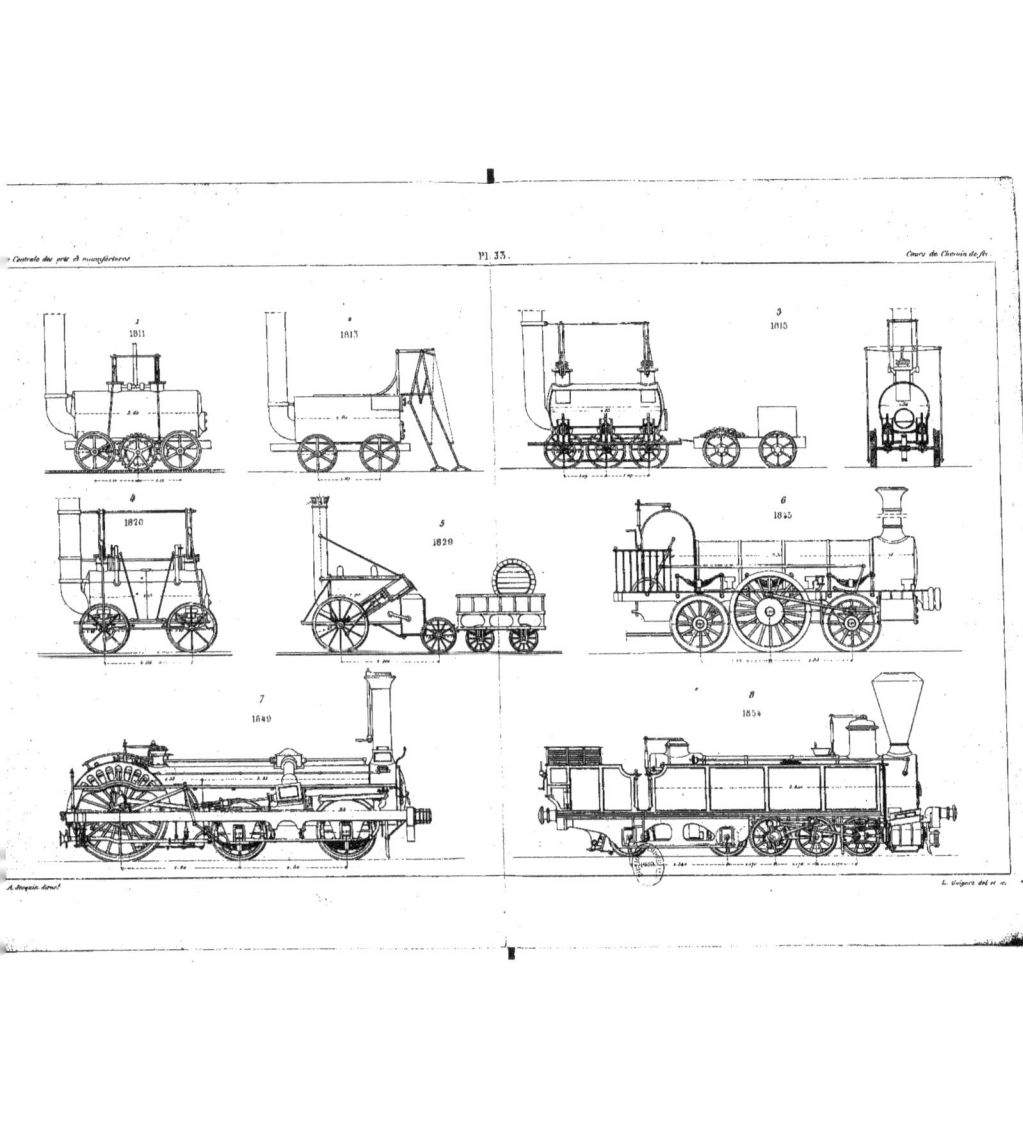

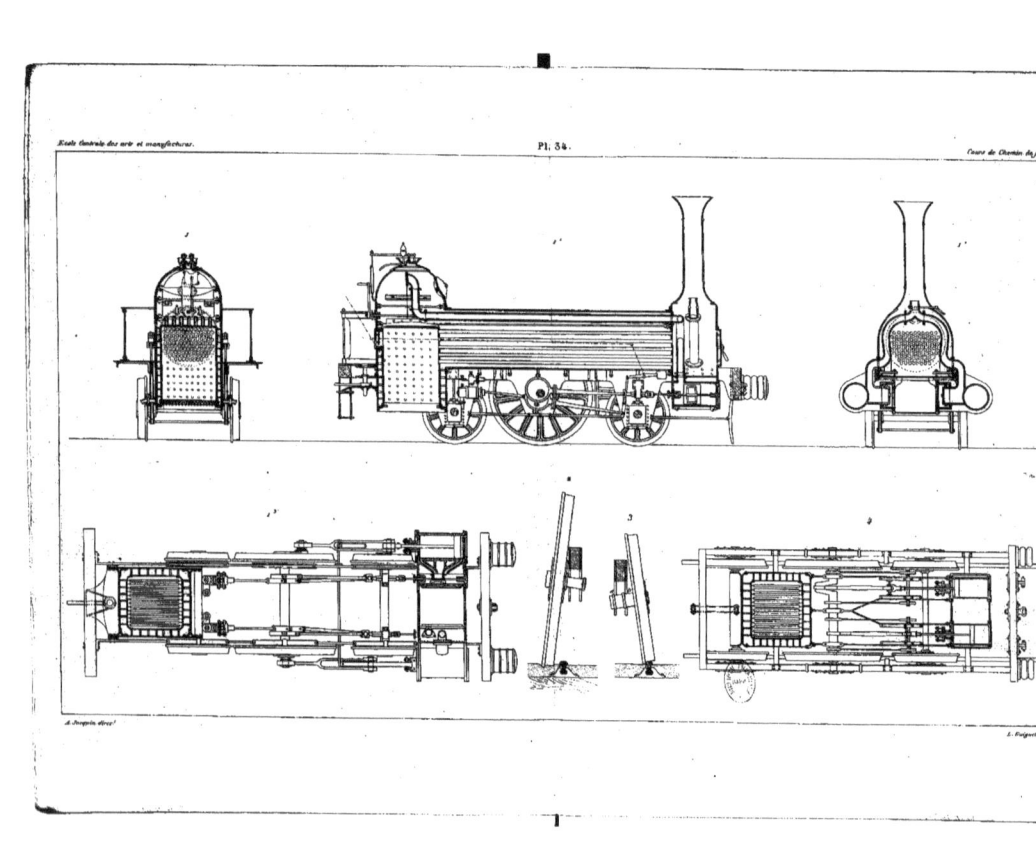

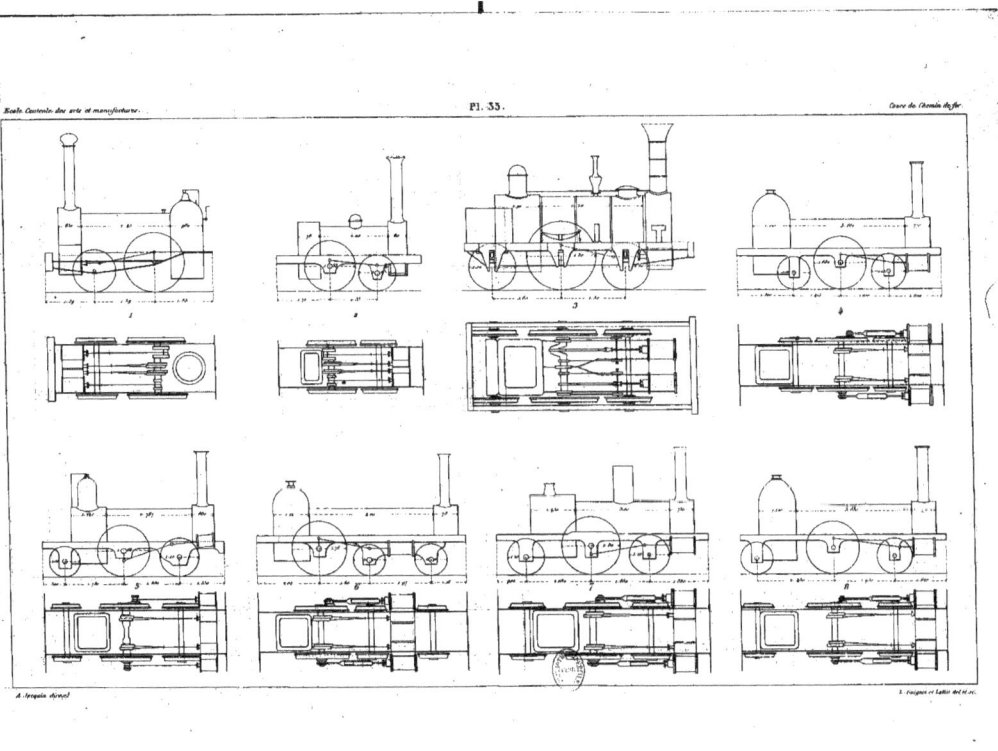

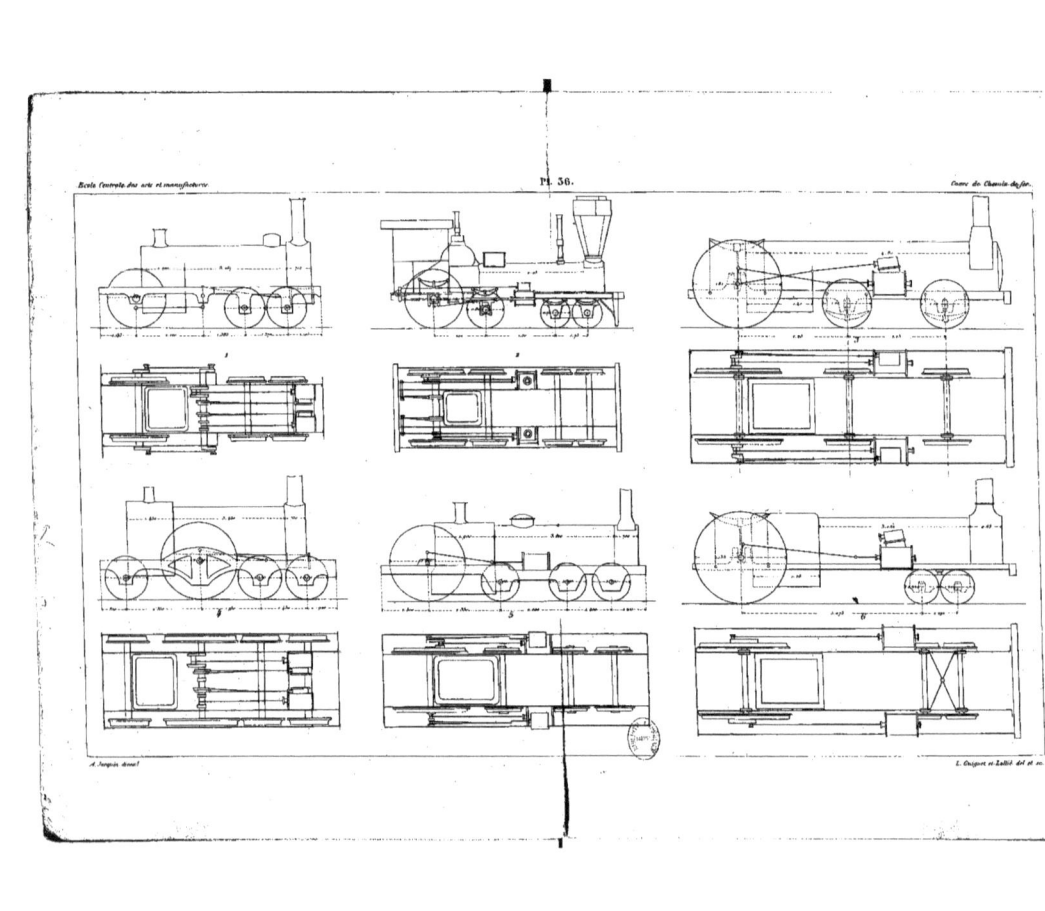

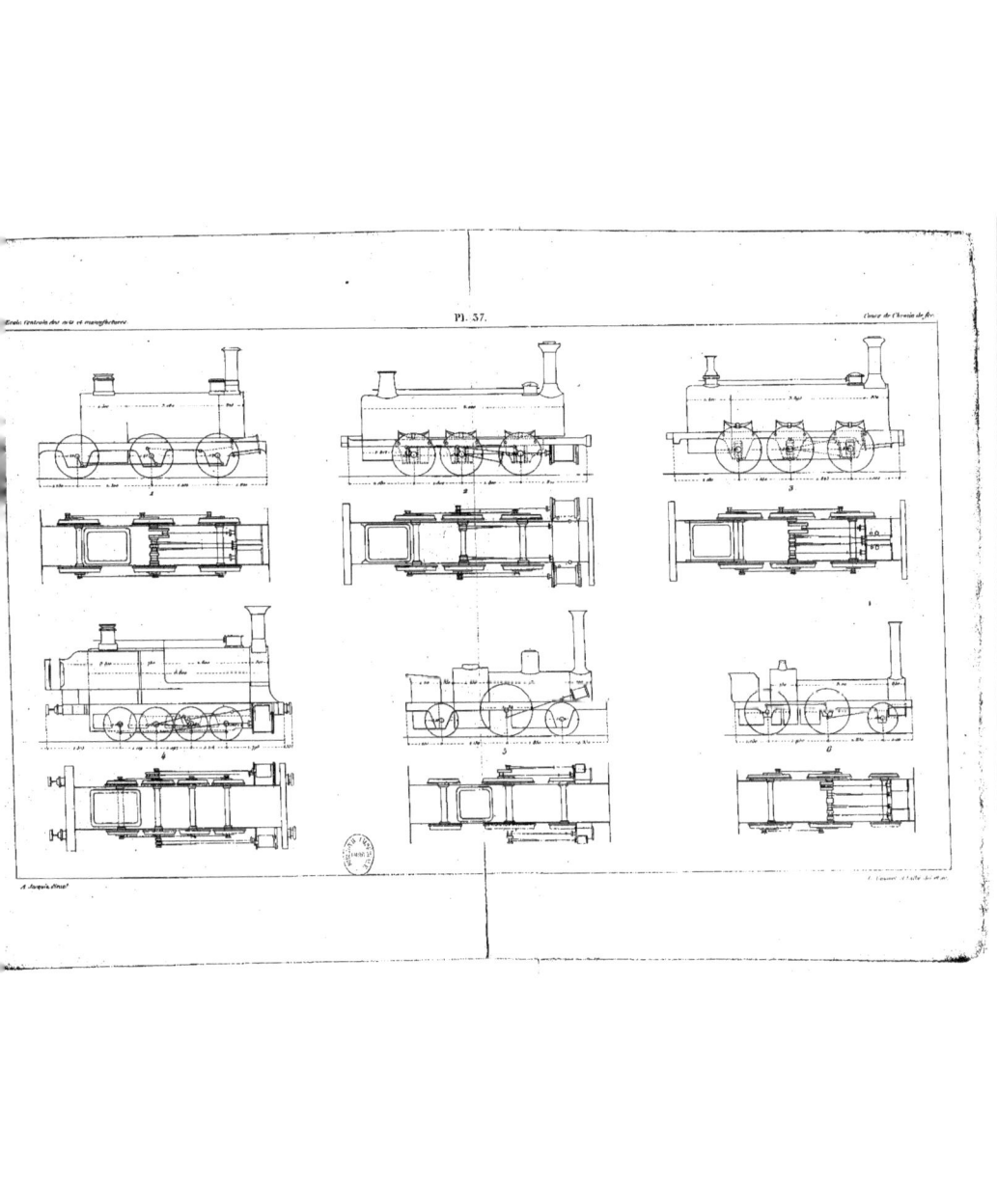

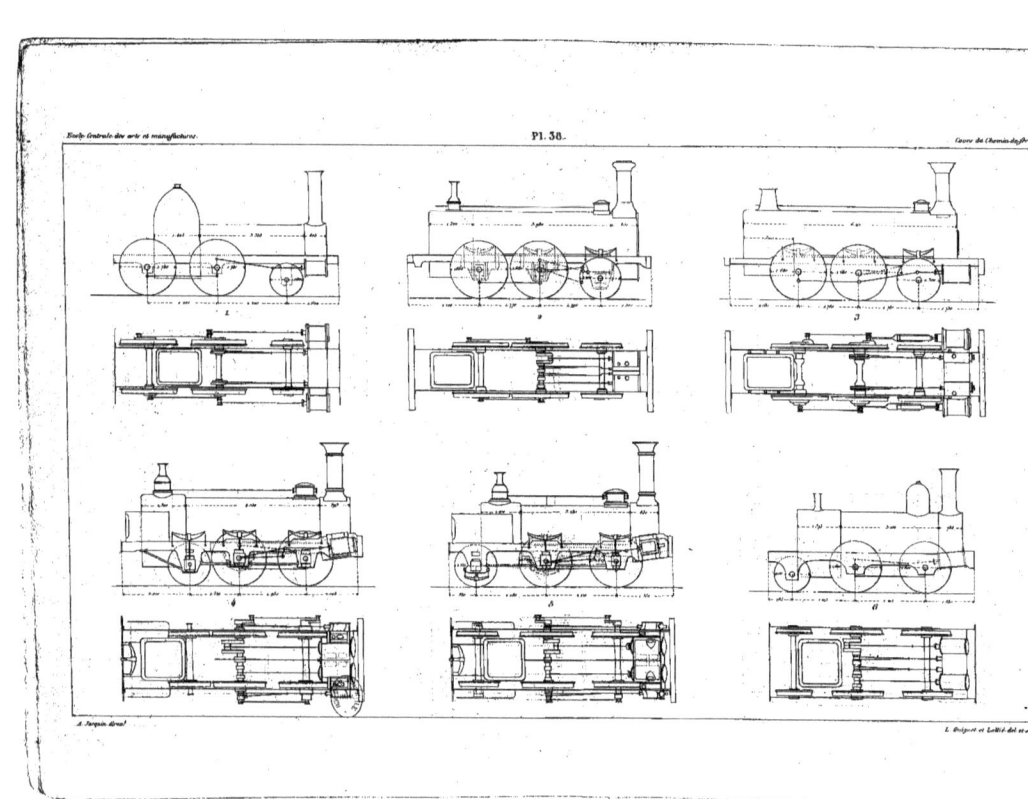

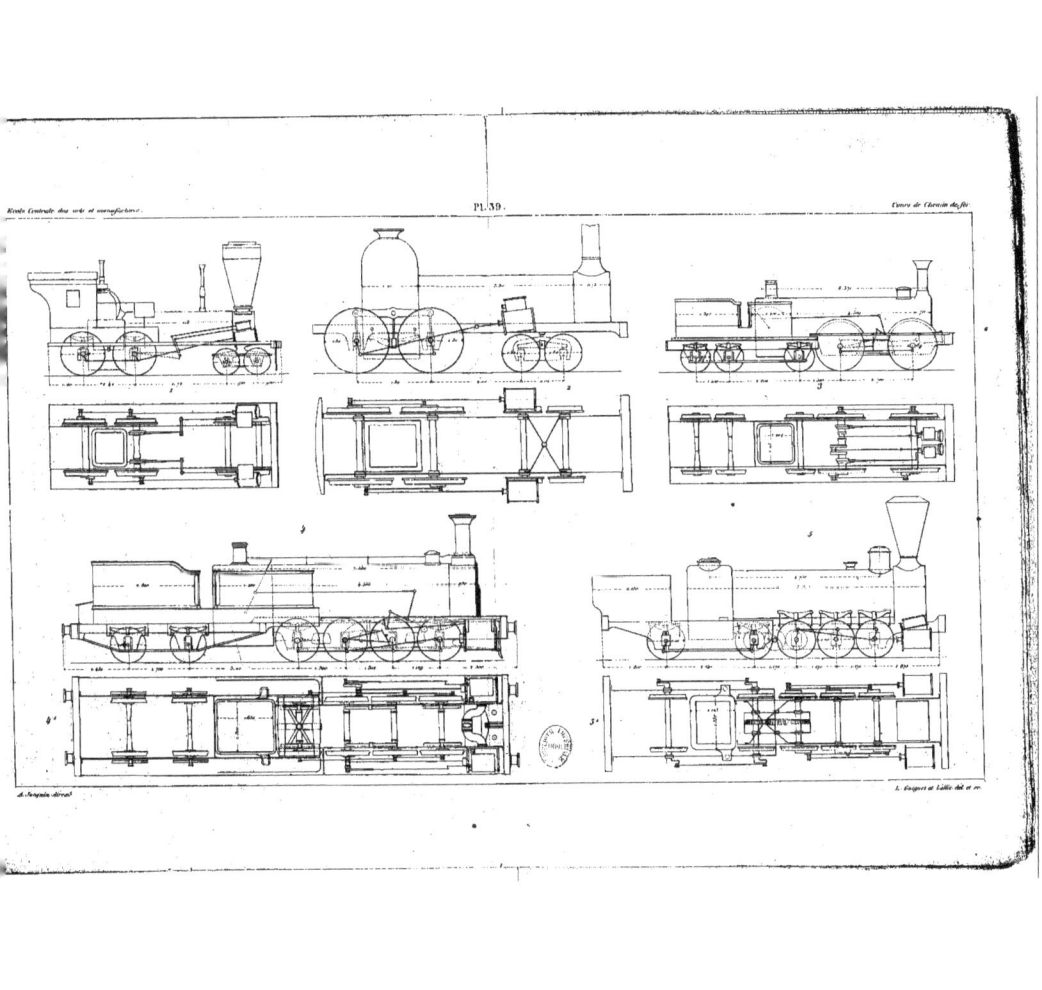

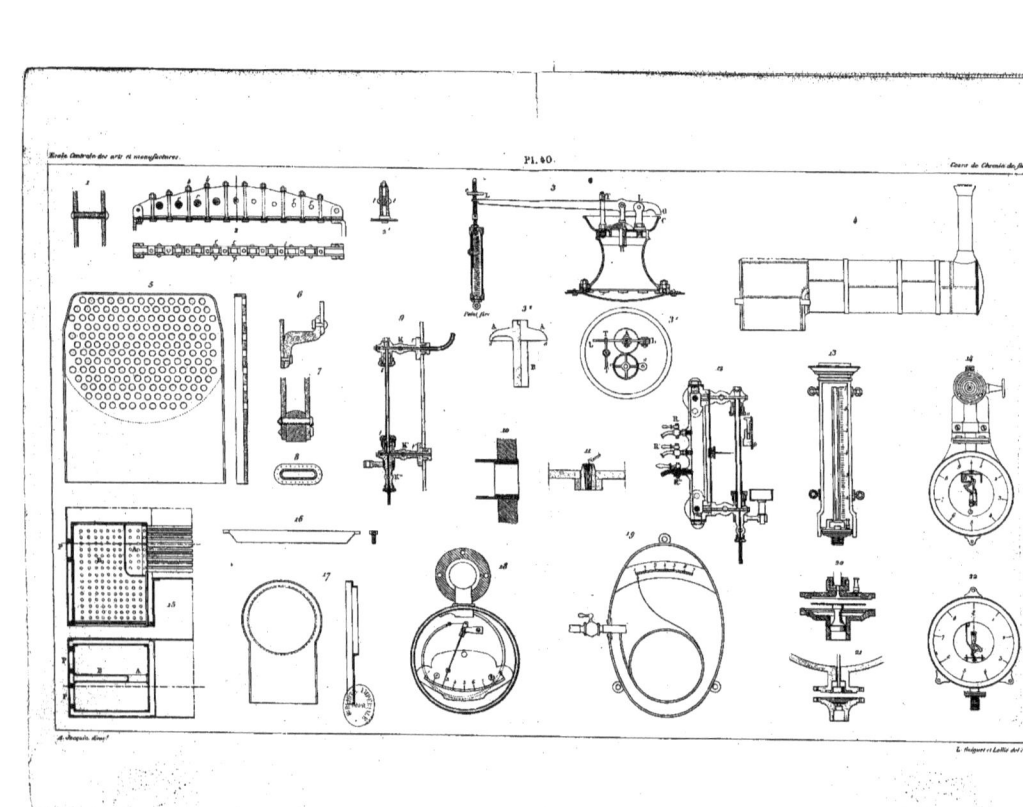

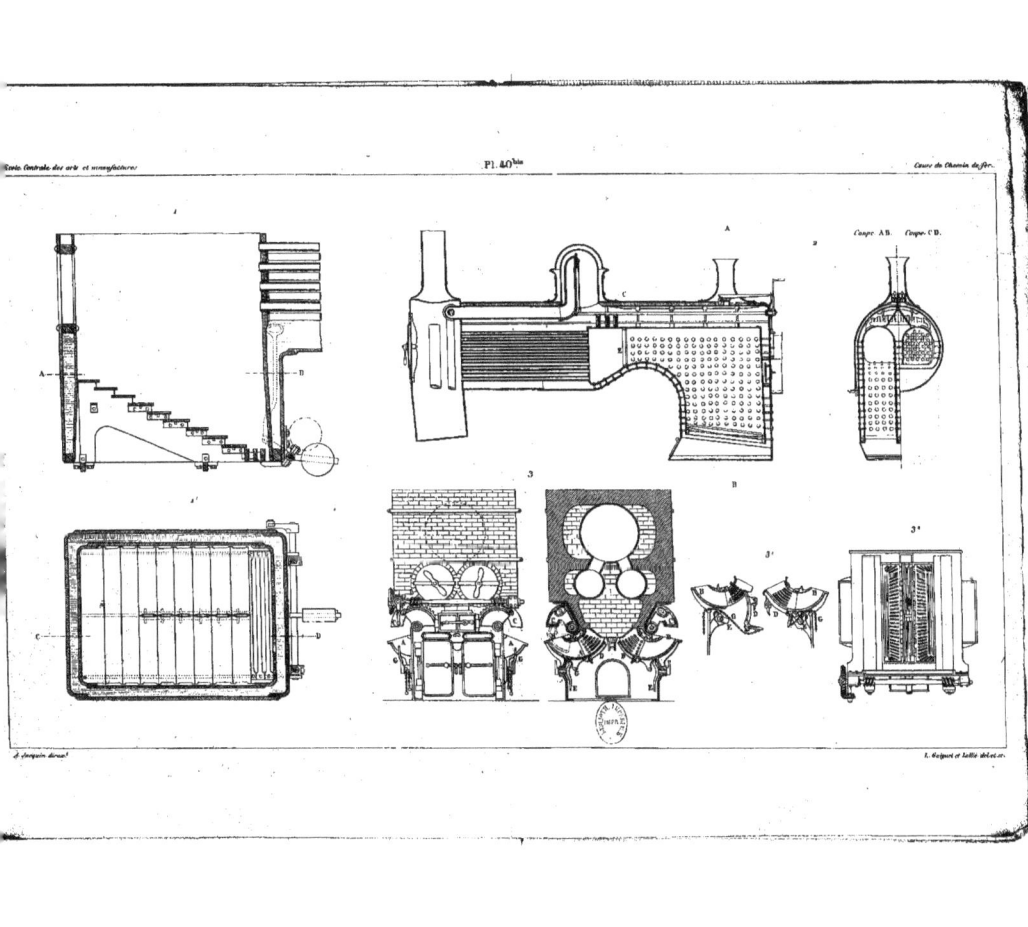

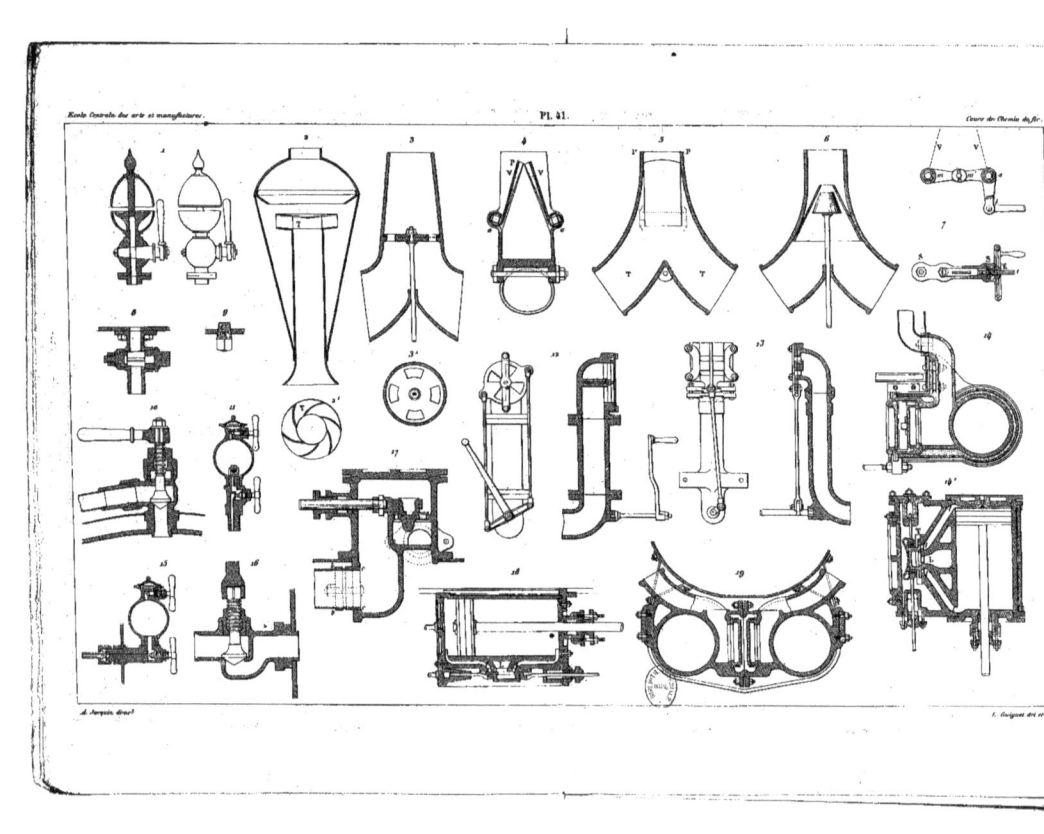

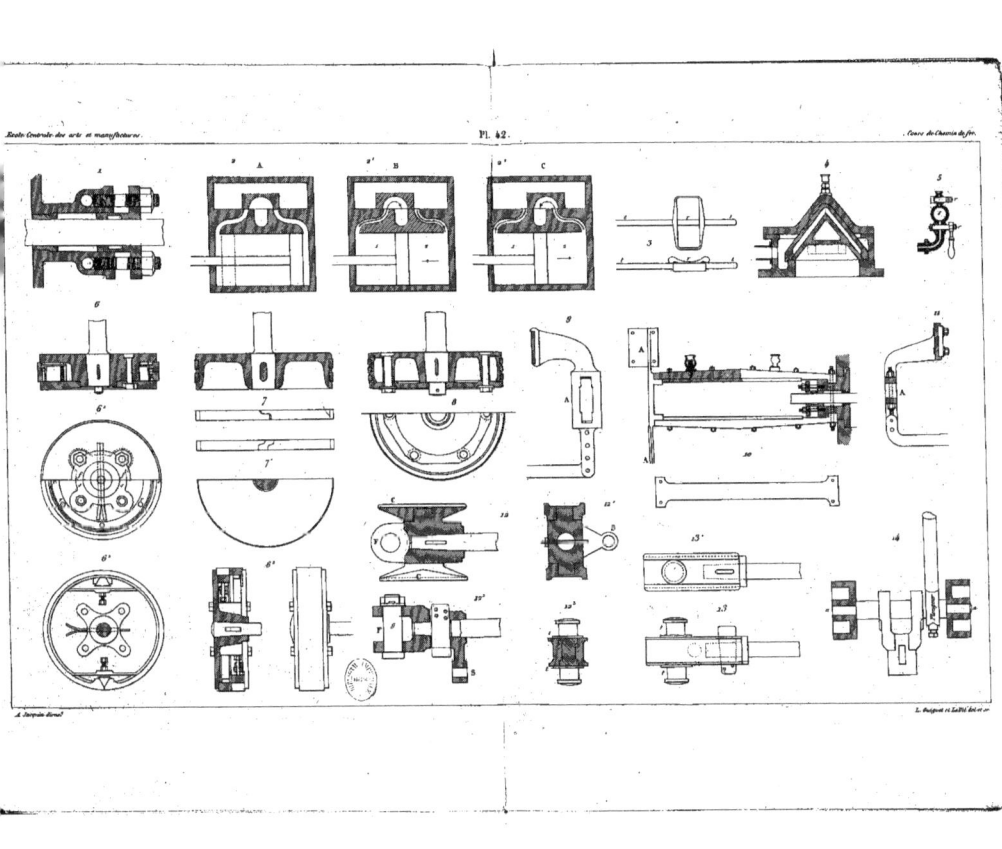

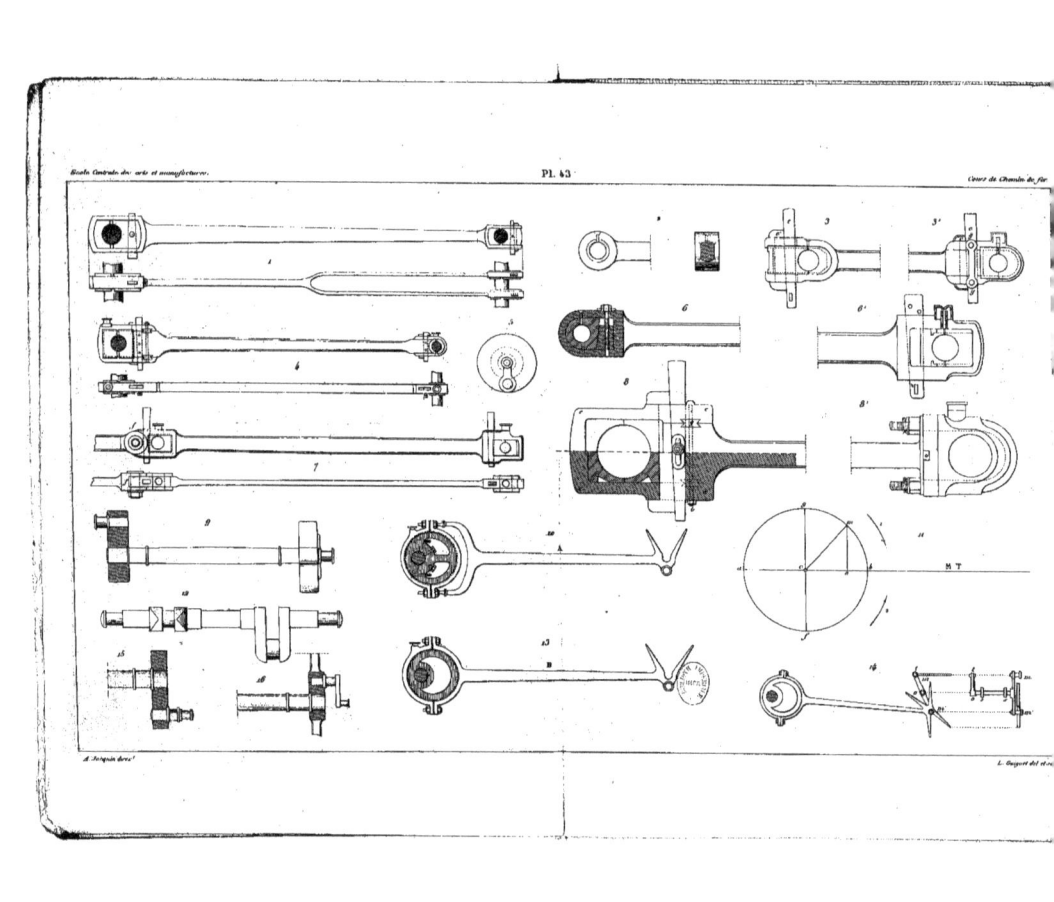

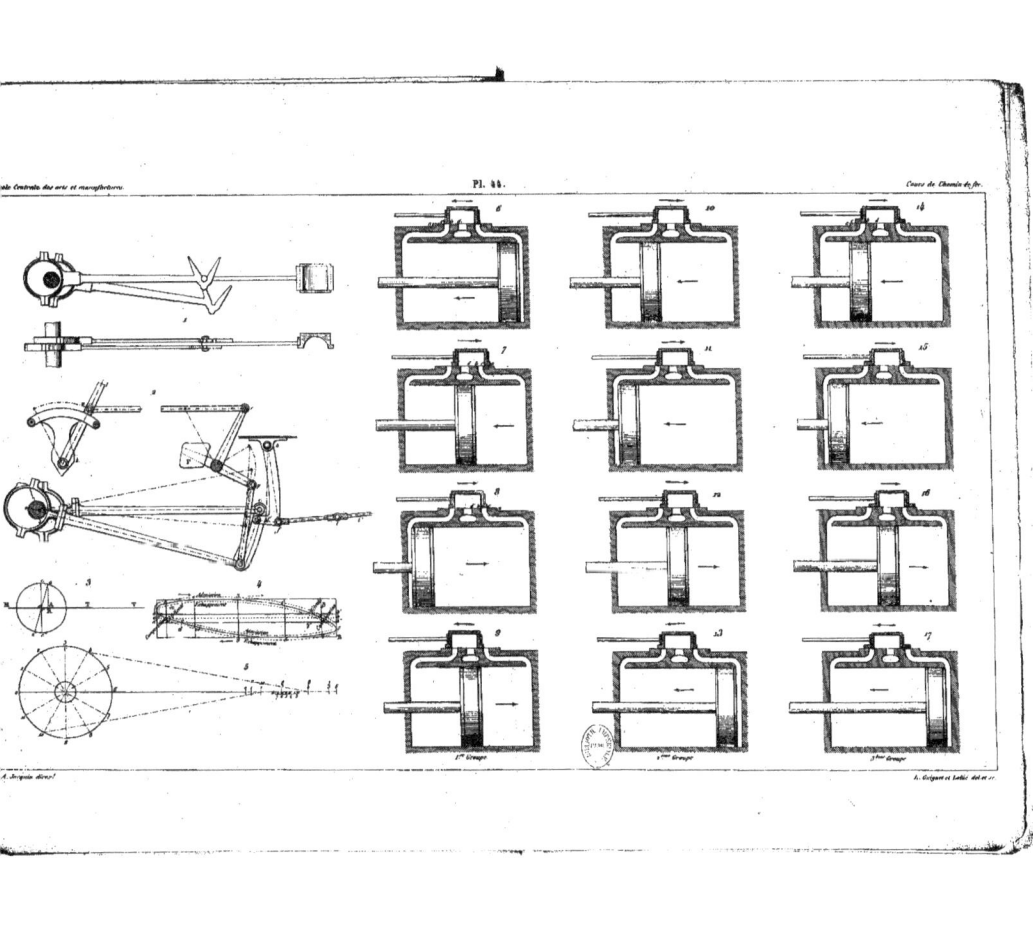

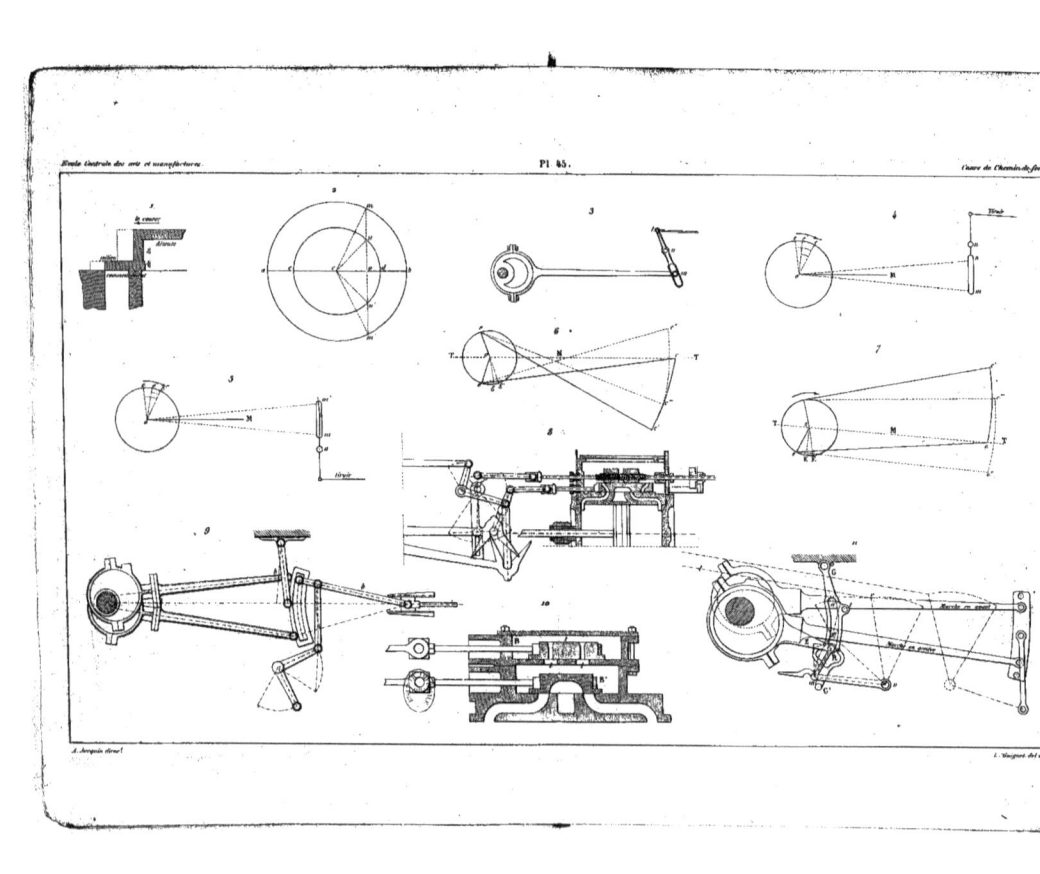

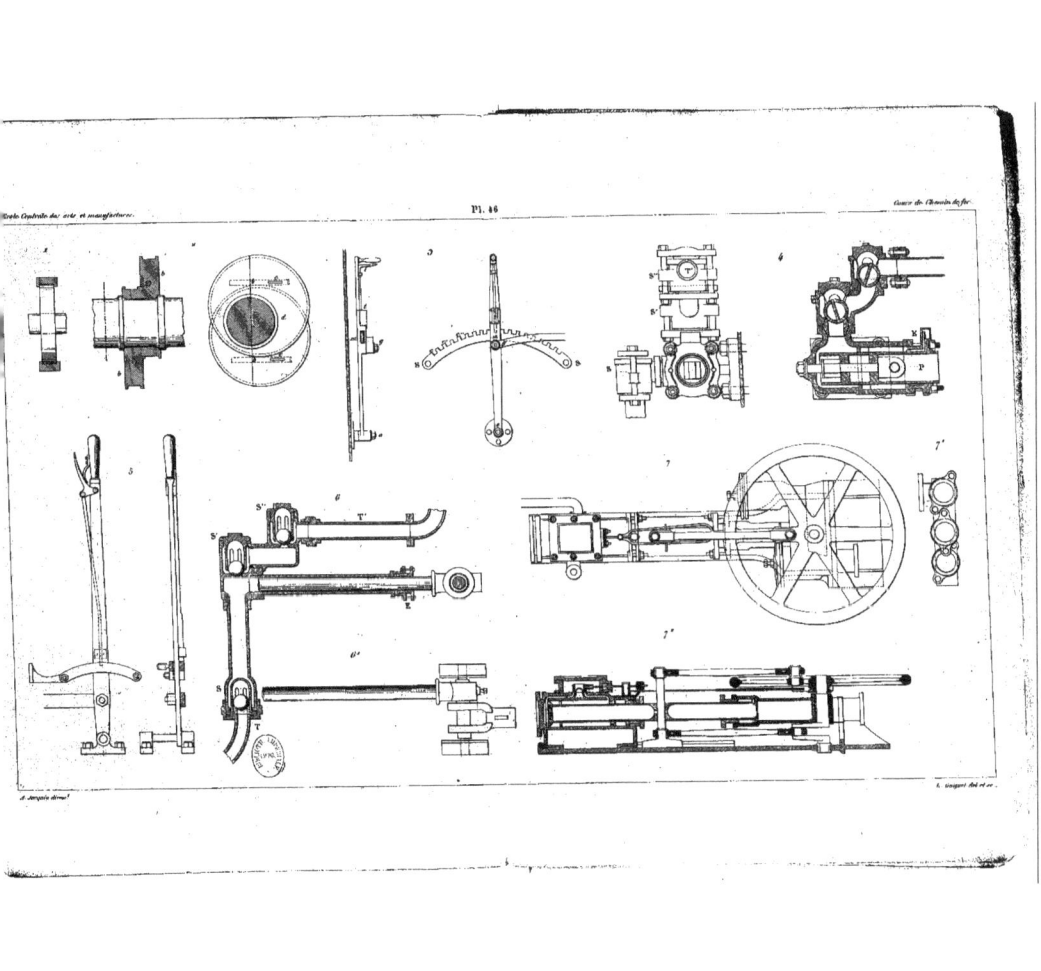

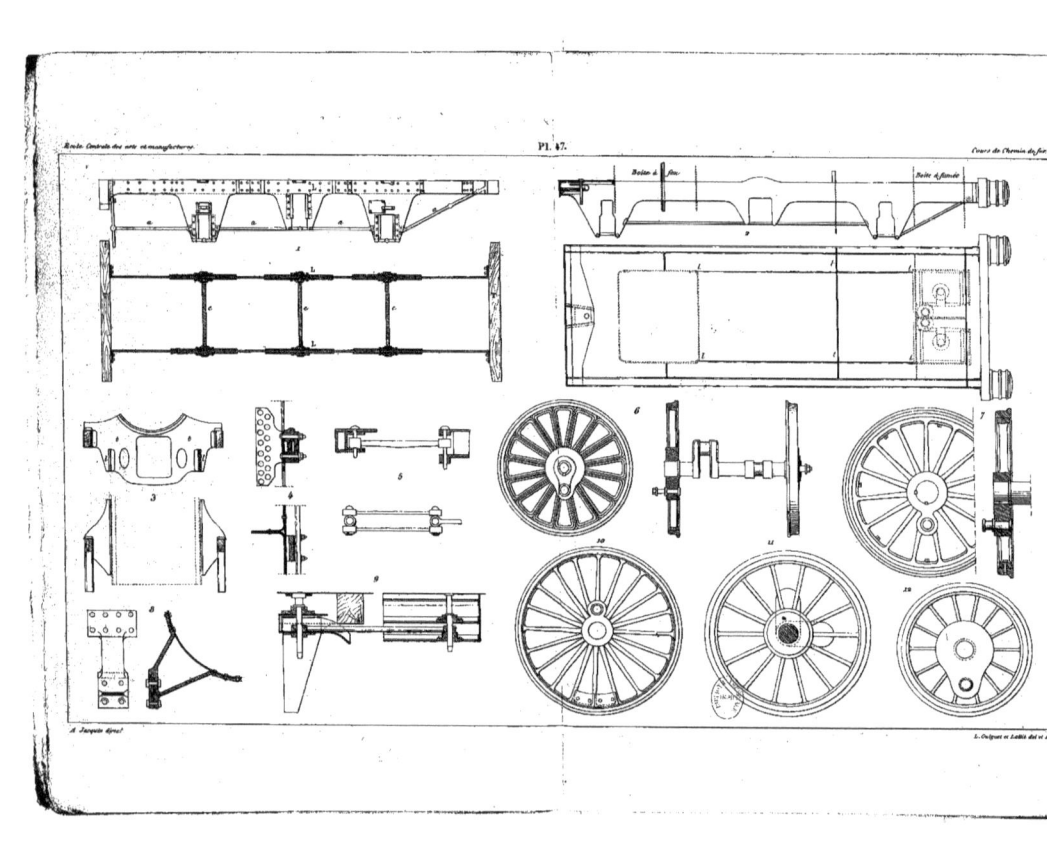

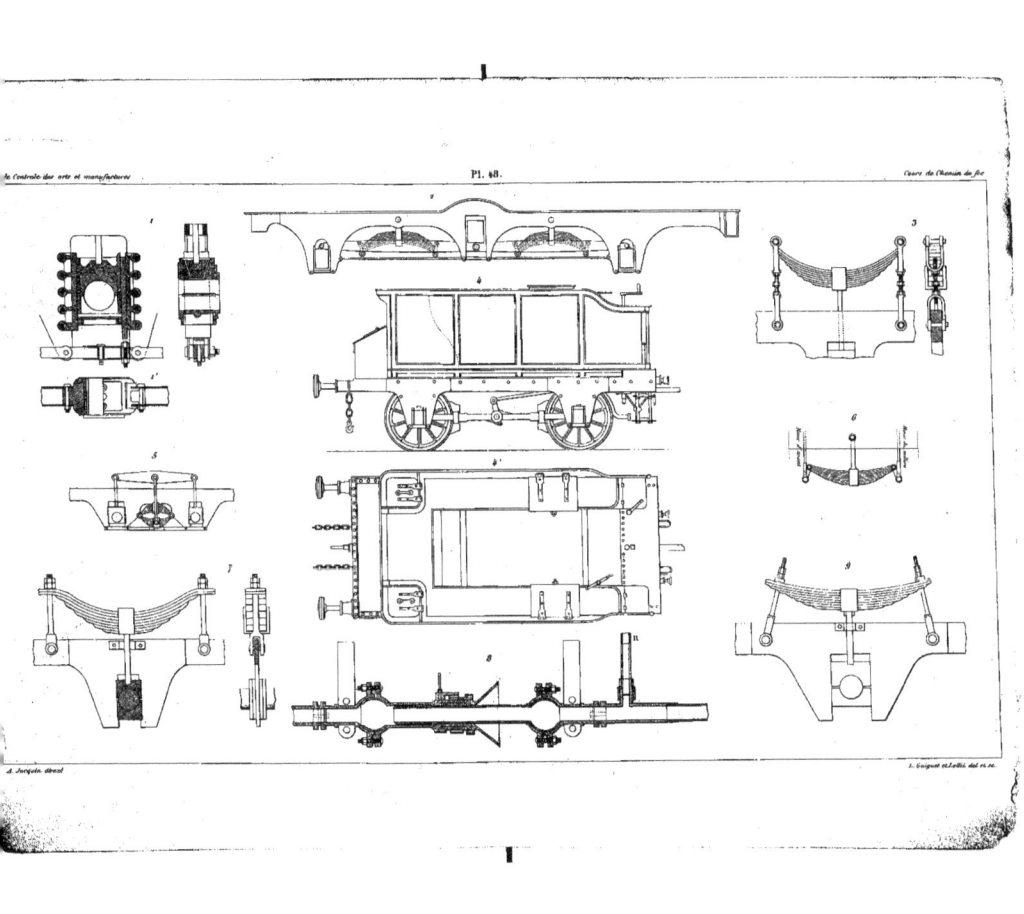

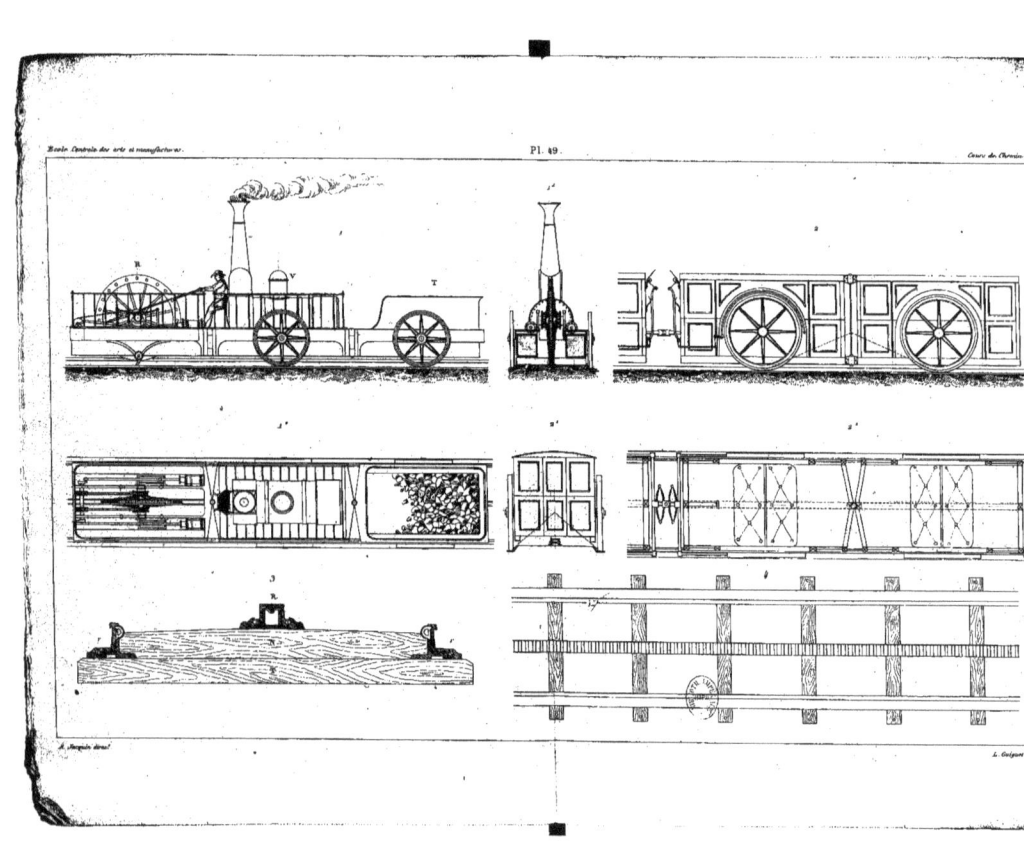

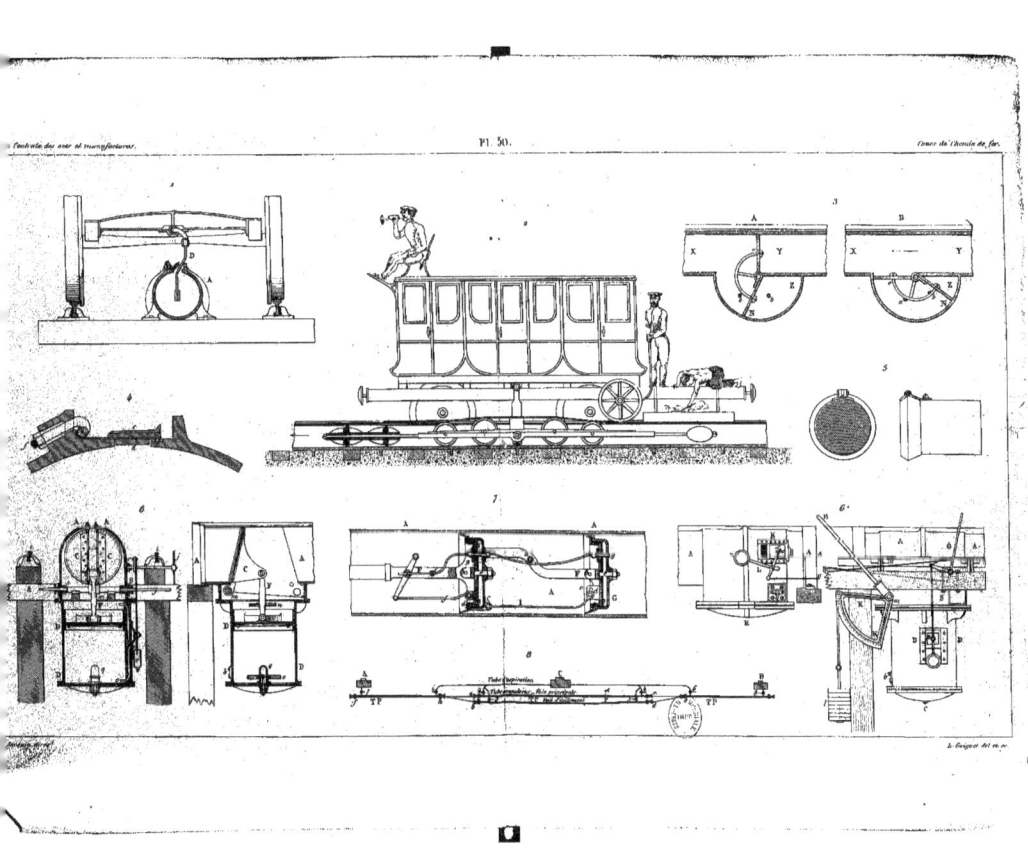

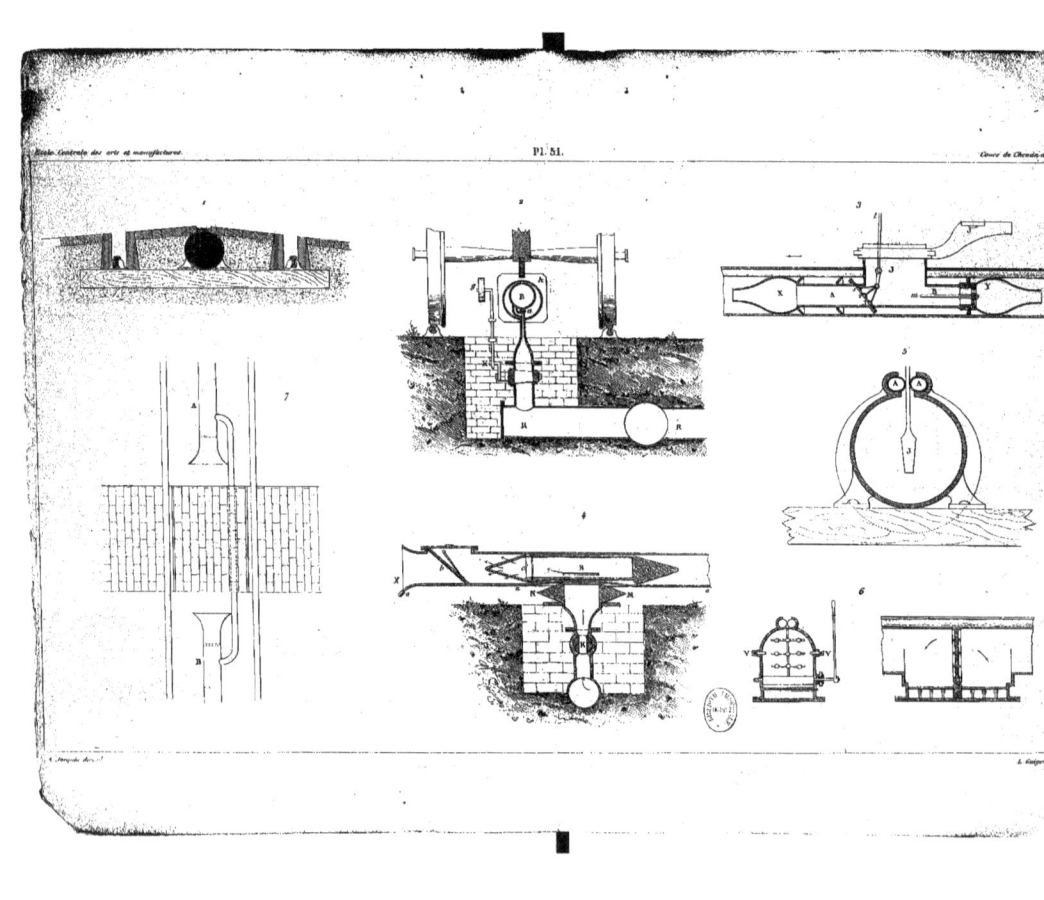

OUVRAGES EN VENTE

PORTEFEUILLE DE L'INGÉNIEUR DES CHEMINS DE FER

Contenant tous les détails de construction, du matériel de ces voies de communication, les cotes et les prix de revient conformes aux devis de chemins exécutés, etc., par A. PERDONNET, ingénieur, professeur à l'École centrale des Arts et Manufactures, et CAMILLE POLONCEAU, ingénieur, etc. 3 vol. in-8, dont un comprend les légendes explicatives des planches, avec atlas de 170 planches in-folio (1842 à 1849). . . . . 170 fr.

APPENDICE AU PORTEFEUILLE

Par A. PERDONNET. In-8 avec atlas de 24 planches in-folio (1850). . . . . 50 fr.

TRAITÉ ÉLÉMENTAIRE DES CHEMINS DE FER

Par A. PERDONNET. 2 vol. in-8 de 800 pages, avec 600 figures sur bois dans le texte, et des planches et cartes sur acier tirées à part. . . . . 30 fr.

NOUVEAU PORTEFEUILLE DE L'INGÉNIEUR DES CHEMINS DE FER

Suite au *Portefeuille de l'Ingénieur des Chemins de fer*, paraissant par livraisons. Chaque livraison, texte et 12 pl. (1858). . . . . 15 fr.
— Les sept premières sont en vente.

NOTIONS GÉNÉRALES SUR LES CHEMINS DE FER

Statistique — Histoire — Exploitation — Accidents — Organisation des Compagnies — Administration — Tarif — Service médical — Institutions de prévoyance — Construction de la voie — Voitures — Machines fixes — Locomotives — Nouveaux systèmes ; — suivies des Biographies de Cugnot, Séguin et George Stephenson, d'un Mémoire sur les avantages respectifs des différentes voies de communication ; d'un Mémoire sur les Chemins de fer considérés comme moyens de défense du pays, et d'une Bibliographie raisonnée ; par AUGUSTE PERDONNET, 1 fort vol. . . . . 5 fr.

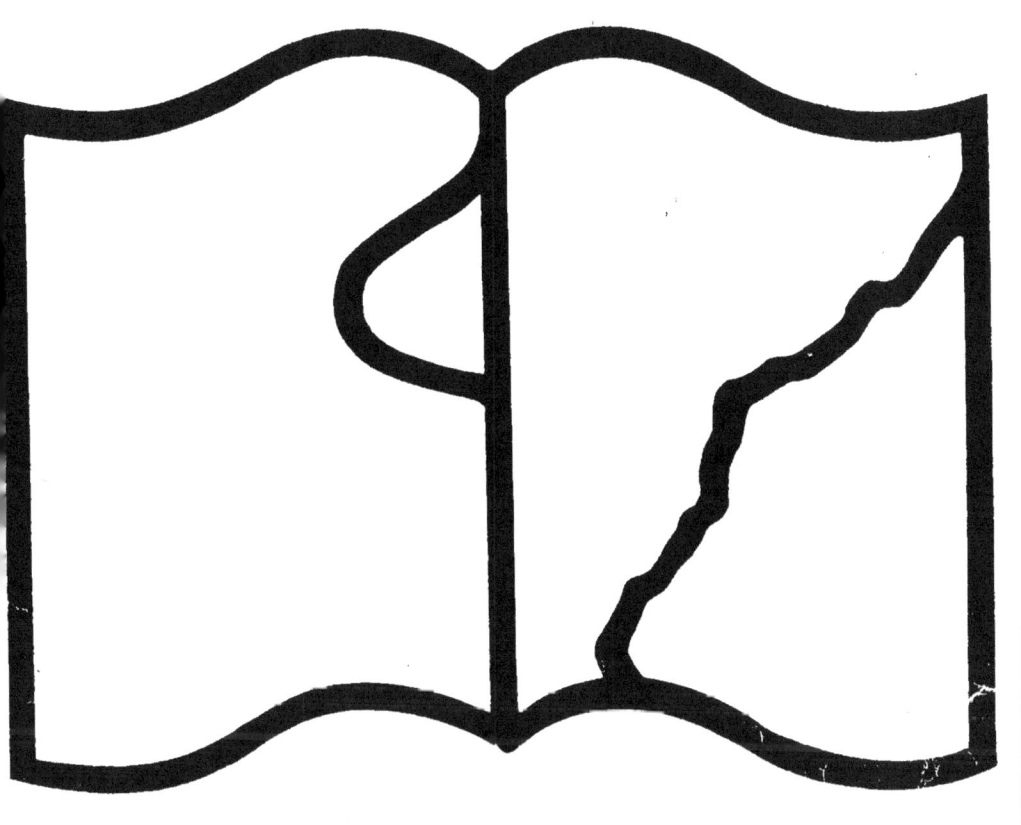

Texte détérioré — reliure défectueuse

NF Z 43-120-11

Contraste insuffisant

NF Z 43-120-14